エレガントな マナーと話し方

魅力的な女性になる77のレッスン

成美堂出版

Contents

目次

INVITATION

Part 5 贈答・冠婚葬祭のマナー

introduction

エレガントとは
本物のマナーのこと

私が主宰するフィニッシングサロンに通う生徒さんたちの多くは、「エレガントな女性」になりたい、「エレガントなマナーを身につけたい」とおっしゃいます。エレガントな女性とは、「周りの人から好感を持たれるステキな女性」「マナーを身につけている女性」であるといえます。

英語のエレガント(elegant)は「注意深く選択する（select)」が語源で、もともと「魅力的な木の実を選んで拾い集める」という意味を持っていました。

注意深く選ぶためには魅力的なモノやコトを自分で表現するセンスを磨かなければならないということでもあります。ワンランク上のふるまいは「本物のマナーの知識」を学ぶことを通じて体得できます。

この本はエレガントマナーを身につけるために必要な、本物のマナー、ワンランク上のマナーがわかりやすく楽しく学べる内容になっています。あなたがマナーを身につけることで、周りの人の、あなたを見る目が変わり、必ずあなたの世界は広がることでしょう。

この本で身につけた知識を、ひとつひとつ実践してください。そして、知的で強く美しい品のある、エレガントな女性が増えることを願っています。

セレブスタイル主宰 住友 淑恵

お出かけ前の
チェックポイント

- ■エレガントなしぐさの法則
- ■美しく正しい姿勢
- ■淑女の持ち物
- ■美しい身のこなし[基本編]
- ■美しい身のこなし[シチュエーション編]
- ■好感度アップの話し方

お出かけ前のチェックポイント❶

エレガントなしぐさの法則

いつもの動作に、ほんの少しのワザをプラスするだけで、
たちまち素敵な淑女のしぐさに変身…
そんなマジックみたいなテクニック、それが6つの法則です。

指先の法則

指先は閉じて、手のひらは上向きに

こんな簡単なことなのに、効果は絶大。指先がそろっているだけで、しぐさだけでなく、その人自身もとても丁寧な人に見えます。

Point
指し示すときは、人差し指に他の指も添えて。

物や方向を指し示すときのほか、何かを持ち上げるときや差し出すときなど、いつでも指先を意識して。

クロスの法則

手を動かすときは、腕が身体にクロスするように

このときの角度こそ、美しさのエッセンス。正面から見たときよりも、ぐっと優雅できれいなシルエットがつくれるのです。

Point
腕をクロスさせて身体をねじるとき、脇はしめたまま。

肩が少し前に出て、身体が斜めの角度をつくるように。

S字の法則

身体のラインはゆるやかなS字を描くように

丸みを帯びたやわらかなラインは、女性らしさを印象づけるもの。身体をちょっとくねらせたS字の曲線が、あなたを魅力的に見せます。

Point
鏡を見ながら、もっとも美しいS字曲線を練習して。

立っているときも、座っているときも、身体の曲線を意識して。腰をねじりながら肩を少し突き出しますが、ねじりすぎはバランスが悪いので注意。

中心の法則

物を持つときは、身体の中心で

ハンドバッグやお茶を乗せたトレーなど何か持つときには、胸の下あたりで持つようにしましょう。

……NG……

手をだらりと下げると、正面から見たときのバランスが悪くなるので注意。

物を高めに持つことで、見る人の目線も上がり、足を長く身体全体をすっきりと見せる効果が。

引き寄せの法則

離れたところにある物は、自分のほうへ引き寄せてから相手に渡して

一度引き寄せたら、ひと呼吸（約2秒）おきます。この“間”が、しぐさをよりエレガントに見せてくれます。

Point

物を手渡すときは、まず自分のほうへ引き寄せてから。

片手で取った物も、相手に手渡すときは必ず両手で。物を丁寧に扱っている印象を与えるので、一石二鳥。

フレンチキスの法則

食べるときは、軽くキスするように唇を近づけて

一気に口に運んだり、身体を大きく傾けるのは上品さに欠けます。なるべく食べ物を見ずに視線を落とさないように。グラスに口をつけるときも同様。

Point

視線を下に落とすと姿勢がくずれます。視線はなるべくまっすぐ前に。

上半身をまっすぐに正して、食べ物を口の近くの高さまで持ってくるのが美しさ、食べやすさのコツ。

お出かけ前のチェックポイント 2

美しく正しい姿勢

美しい姿勢は、身のこなしも着こなしも、ワンランク上に見せてくれます。出かける前に、鏡で自分の姿勢を要チェック！
もう一度、正しい姿勢を意識して。

鏡の前で

背筋と肩の傾きに注意

背筋がピンと伸びているか、肩がどちらかに傾いていないか、肩の力が抜けているか…など、自分でチェックを。仕上げに、笑顔のチェックも忘れずに。

肩の力を抜いて
両肩を落とす。
背筋を
まっすぐに。
お腹に
力を入れる。
両足をそろえて、
かかとをつける。
あごを
引く。
Point
頭のてっぺんを
ひっぱられているイメージ。
....NG....
胸を張って。ただし、
反り返るのはＮＧ。

壁の前で

頭、肩、お尻、ふくらはぎ、かかとを壁につけて立ちます

壁がなくても正しい姿勢がキープできるよう日頃から練習を。鏡やショーウィンドーに映った姿で、常に姿勢を確認して。

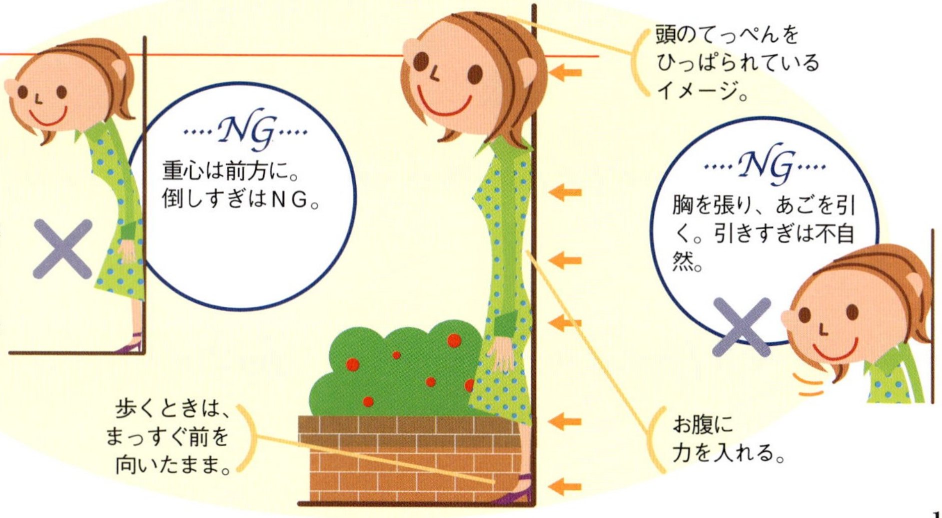

....NG....
重心は前方に。
倒しすぎはＮＧ。
頭のてっぺんを
ひっぱられている
イメージ。
....NG....
胸を張り、あごを引く。引きすぎは不自然。
歩くときは、
まっすぐ前を
向いたまま。
お腹に
力を入れる。

座っているときの姿勢

座っているときも、姿勢を意識して

背を丸めたり、背もたれによりかかった姿はだらしない印象を与えます。

イスに座って

頭のてっぺんをひっぱられているイメージ。
あごを引く。
手はももの上に。
ひざを閉じて、両足をそろえる。
肩の力を抜いて、両肩を落とす。
背筋をまっすぐに。
背もたれの直前まで腰かける。
かかとは床から離さない。

Point

空気イスに座る気持ちで座るとキレイ。背筋を伸ばして、お尻にキュッと力を入れるのが美しさのコツ。

正座して

Point

上半身は常に「不動」、「まっすぐ」を心がけて。背を伸ばすときは座高を伸ばす気持ちで。

頭のてっぺんをひっぱられているイメージ。
あごを引く。
背筋をまっすぐに。
お腹に力を入れて、腰をグッと前に。
ひざを閉じる。

Point

親指を重ね、体重はかかとの真上に乗せる。

淑女の必携グッズ

出かけるときはいつもバッグに

ミニバッグにまとめて、スマートに。淑女はバッグの中も、すっきり整理されています。

お出かけ前のチェックポイント 3

淑女の持ち物

淑女は、バッグの中身もちょっと違います。他人への気遣いあふれるアイテムが、お出かけ先のいろいろなシーンで、あなたをよりエレガントに見せてくれるはず。

●スペアのストッキング

トラブルに備えて。

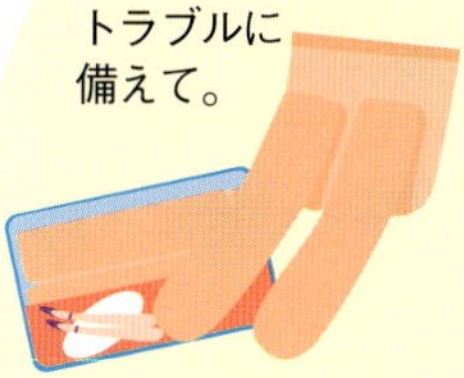

●ウェットティッシュ

ティッシュより出番が多くて便利。

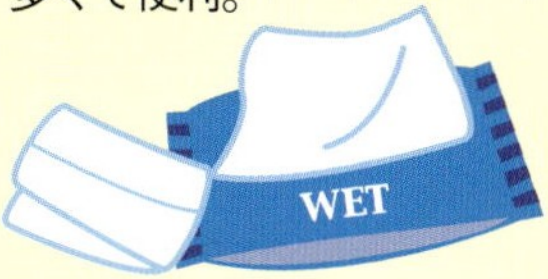

●風呂敷・スカーフ

バッグがわりにも →119ページ。

●ハガキ＆切手

その日のうちにお礼状を投かんして。

●ぽち袋

心づけ以外にもメッセージを入れる封筒がわりに

●懐紙

特に食事のときは大活躍 →44ページ。

●上等なボールペン

持ち物も気品が大切。

●素敵なハンカチ

レース素材や、イニシャルをあしらった上質な物を。

淑女の変身アイテム

1日中同じスタイルはキレイじゃない

ランチやアフターファイブにはさりげなく変身して、エレガントに。

●透明ラメ入りマスカラ＆リップグロス

アフターファイブは光るメークで女らしさをアピール。

●揺れるアクセサリー

アフターファイブは輝くタイプ、揺れるタイプにアクセサリーをチェンジ。

●香水

外出前に、ひざの裏にひと吹き。ほのかに香る程度に。

●保湿化粧水

乾燥は、キレイの敵！外出の前後に、こまめに水分補給を。

●ストールやスカーフ

シルク素材が上質で◎。季節感のある色柄を選んで →88ページ。

お出かけ前のチェックポイント❹

美しい身のこなし[基本編]

第一印象を決めるのは、何といっても姿カタチです。
特に、品性が表れやすい身のこなしは、エレガントな
印象づくりには欠かせないもの。美しい身のこなしを習慣づけて。

Point

歩幅はファッションに合わせて。スカートなら狭めて上品に、パンツなら広げてさっそうと。

歩き方

歩き方の基本は、
正しい姿勢をキープすること。

背筋を伸ばし、胸を張った姿勢は不動のまま、足の運びは1本のラインをはさんで歩くように。

上半身がまっすぐに伸びていることを、いつも意識して。
視線はまっすぐ前か、やや上を見て。
両肩を水平に。肩を揺らさないように注意。
腕は軽く後ろに引くようにふりながら。
かかとをあまり高く上げず、ももを使って歩く。

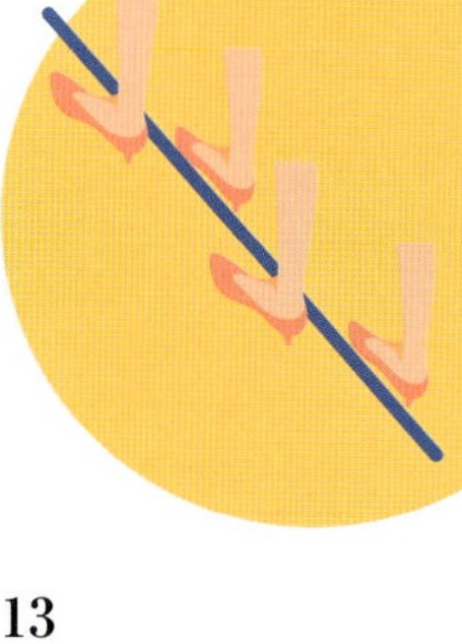

Point

1本のラインをはさんで歩くイメージで。内股も、外股もNG。

座り方・立ち方

視線は前を向いたまま

お尻だけ突き出して座るのは、エレガントではありません。立つときは静かに立ち上がります。

立ち方

1 両手をももの上に置いた姿勢のまま、片足を軽く後ろへ。

2 引いた足に体重を預けながら静かに立つ。

上半身はまっすぐ、常に不動で。勢いをつけない。

座り方

1 下座側からイスの前に立つ。

2 片足を静かに後ろへ。

3 足がイスに触れたら、静かに腰を下ろす。

深く腰かけても、背もたれに寄りかからない。

背筋を伸ばして、正しい姿勢をキープ。

NG

後ろをふり返ったり、イスに手をついたりしないで。

×

Point

食事のときは、お腹とテーブルの間を、こぶしひとつ分あけて。

＊エスコートしてもらうときは、押してくれたイスが足に触れたら、そのまま腰を下ろす。和室での座り方は32ページに。

おじぎの仕方

あいさつの言葉の次におじぎを。「先語後礼」が基本

軽い会釈から最敬礼まで、きちんと使い分けられるように。上体を腰から折るのがポイント。

もっとも一般的な普通礼

背筋を伸ばし、上体を30度くらいに傾けます。両手は身体の前で指を伸ばしてそろえて。礼の前後に、必ず相手を見ること。

会　釈

すれ違うときなどに。上体を15度傾けて。

最敬礼

感謝やお詫びの気持ちを表すときに。上体を60度傾けて。

····NG····

むやみにペコペコするのは美しくありません。首だけ曲げたり、歩きながらのおじぎも失礼。

手の表情

指は常にそろえて美しく

指先は開かずに閉じたまま、指をそろえるのがエレガントに見えるポイント。ネイルの手入れも淑女の身だしなみです。

Point

手のひらに卵をそっとのせるイメージで、手に表情をつけて。

····NG····

手を縦にする“手刃”はNG。手のひらを上に。

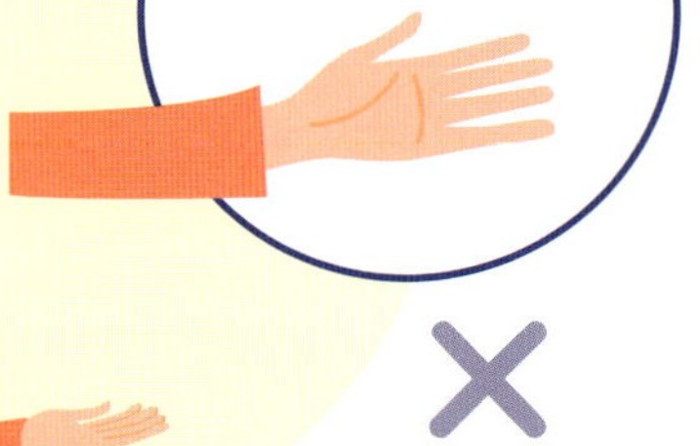

お出かけ前のチェックポイント 5

美しい身のこなし［シチュエーション編］

オフィシャルなシーンはもちろん、
一人きりのときでも
エレガントにふるまえるようになれば、セレブ度も本物。

物を拾う

上半身はまっすぐに正しい姿勢をキープ

拾い上げた物は、身体に引き寄せて、両手で持ちます。

物に手を伸ばすときだけ伏し目がちに視線を落として。

ひざを折りながらスッとしゃがんで拾います。

NG

上半身はいつも背筋を伸ばしてまっすぐに！

傘をさす

傘の柄も、背筋もまっすぐなのがきれい

傘の柄を軽く握ったら、柄がまっすぐ自分の上半身と平行になるように持って。

NG

傘の柄を肩にかける。

顔が隠れるように持つ。

傘を回して、水滴をまき散らす。

腕時計を見る

脇が開かないように注意

腕時計が胸のあたりまでくるように軽く腕を上げます。

指は開かずにそろえて。右手で時計にそっと触れながら、文字盤を見ます。

NG

脇が開くと、身のこなしが大ざっぱな印象に。

車に乗る

頭や上体からでなく、お尻から車内に

降りるときは、この逆で、足から外に出ます。

足はそろえて地面につけたまま、上半身だけ前に向けて。腰を回転させ、両足を車内へ入れます。

Point

上半身はまっすぐにしたまま、ゆっくりとイスに座って。

電車内で立つ

電車の中で立つときは、ポールの近くに

車内ではポールにつかまって、まっすぐ立ちましょう。身体を軽くくねらすとエレガントな印象に。

ポールと身体の位置は、常に平行をキープして。

····NG····

ポールに寄りかかるのはだらしない印象。

携帯電話で話す

脇は開かず、指先はそろえる

脇は閉めたまま、胸の前で携帯電話を開き、耳元へ。話す場所などマナーはしっかり守ること。

両手ではさみこむように電話を持ち、耳に当てて話します。

····NG····

口元を手で覆うのは美しくないので要注意。→19ページ

効果的な話し方

テクニックを マスターして話し上手に

スピードやメリハリ、トーンの使い分けなど、ほんのちょっとしたテクニックが話し方の印象を大きく左右します。

お出かけ前のチェックポイント 6

好感度アップの話し方

身のこなし同様に、第一印象を大きく左右する話術。ハリのある声、心を捉える話し方、そして相手に気持ちよく話させる聞き方…また話したいと思われる女性を目指して。

Point

適度なスピードで

ゆっくりと話すことは丁寧でよいことですが、平坦でダラダラした雰囲気にも。適度なスピードで、テンポよく話すことが重要。

一方的に話すのでなく、相手が口をさしはさめるくらいのテンポで。

Point

上手に"間"をとる

話したいことでも、一挙にまくし立てるのはダメ。こんなときほど、ちょっと間をおいて。ただし、間のベストタイミングは2秒。それ以上になると逆効果。

一瞬の間が、聞き手の興味をかきたてて、心をとらえやすくなります。

Point

メリハリをつけて

スピードもそうですが、いちばん言いたい言葉にアクセントをつけるなどメリハリをつけて話すこと。

言葉を強調することで、相手に伝わりやすくなり、コミュニケーションがスムースに。

Point

口を閉じてひと区切り

会話は話に区切りをつけながら、ひと言ごとにキュッと口を閉じて。

一挙にまくし立てると、話も伝わりにくくなります。

Point

トーンも使い分け

ビジネスやプライベートなどＴＰＯによって、言葉やトーンも使い分けるのがベスト。

ビジネスシーンでは、低めの抑えた声で。

顔が見えない電話では、やや高めが効果的。

明るく聞き取りやすい声で

声を出すときは、正しい姿勢で

聞き取りやすい声を出すには、しっかり口を動かして、母音をはっきり発音することも大切。

ア

指２本が縦に入るくらいまで、あごを大きく開く。舌は下に下げる。

イ

唇は口がわずかに開く状態まで左右に引く。舌は高く上げる。

ウ

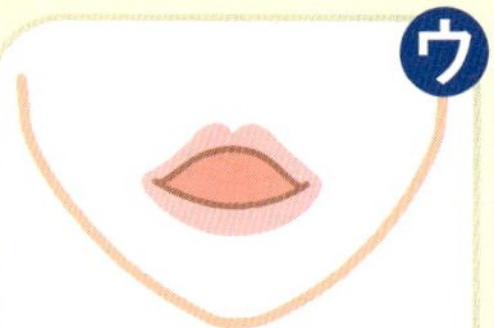

唇は前に突き出さないように、イよりもやや中央に寄せる。舌はやや奥へ。

エ

アの半分くらいに口を開く。唇を軽く左右に引き、舌はアよりも軽く上げる。

オ

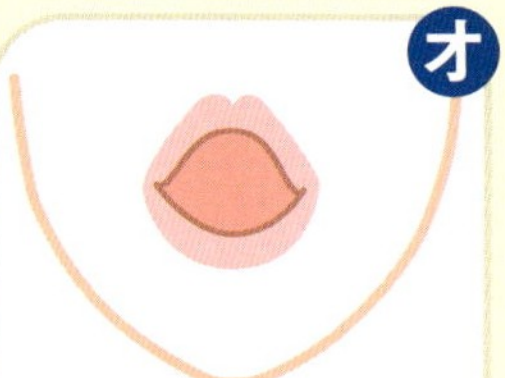

ウよりも唇を丸める。舌はウよりも奥へ引きこみながら。

発声トレーニング

①背筋を伸ばす
②肩を下げて息を吸う
③お腹がふくらむまで息を吸う
④声を前に出すつもりで発声

効果的な聞き方

相手に顔、身体を向けて

顔だけでなく身体ごと相手に向けること。話や相手に興味を示しているのが伝わります。

Point

絶妙なあいづちを

あいづちは相手に安心感を与え、あなたへの信頼感にもつながります。かけ声と思って、大げさなくらいに。

同調、同意のあいづちに、驚き、笑い、反復、うなずきなど内容にふさわしいものを。

Point

笑顔は上品に

半笑いや口を手で覆った笑い、手をたたきながらの笑いはエレガントには見えません。歯を見せて笑うのはＯＫ。

日頃から、とびきりの笑顔の研究も。

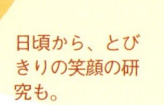

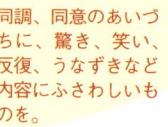

column 1 セレブスタイル流 美しい身体づくり

頭に本を乗せて歩く

内からも外からも整った身体を、さらに美しく見せるのが、正しい姿勢と歩き方です。意識しなくても背筋が伸びた正しい姿勢、歩き方ができるように習慣づけしたいもの。慣れるまでは、自分でチェックしながら姿勢をキープするようにしましょう。

その際もっとも大切なのが、姿勢は座高で伸ばすということ。立つときも座るときも、いつも座高がいちばん伸びた状態をキープしましょう。つまり上半身をまっすぐにすることが大切です。頭の上から吊るされたように伸ばした上半身は不動が基本。モデルが頭に本を乗せてウォーキングの練習をするように、頭上の本が落ちないよう歩いてみると、この感じがつかめます。

疲れてむくんだ足や顔は美しさの敵！

むくみ解消のツボ・マッサージ

足

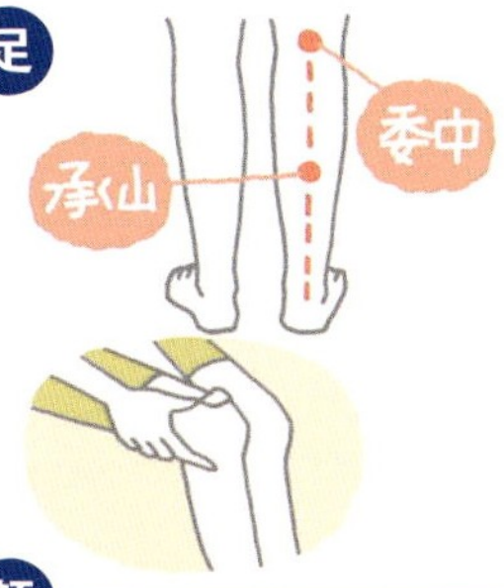

脚の裏側の"委中（いちゅう）"から"承山（しょうざん）"へかけて、少しずつずらしながら押して。

[委中]
ひざの裏の中央
[承山]
ふくらはぎに力を入れて浮き出る筋肉と、アキレス腱の境目。

顔

目の下の"巨（こ）りょう"のツボを中指の腹で押して。

[巨りょう]
黒目の下、鼻の穴の横とが交わる点。

脚のマッサージ

足首を両手でつかみ、足のつけね方向に向けてすべらせて。血行促進効果のあるローズマリー、ユーカリプタス、クラリセージ、ジュニパーベリーなどのアロマオイルを使ってもいいでしょう。

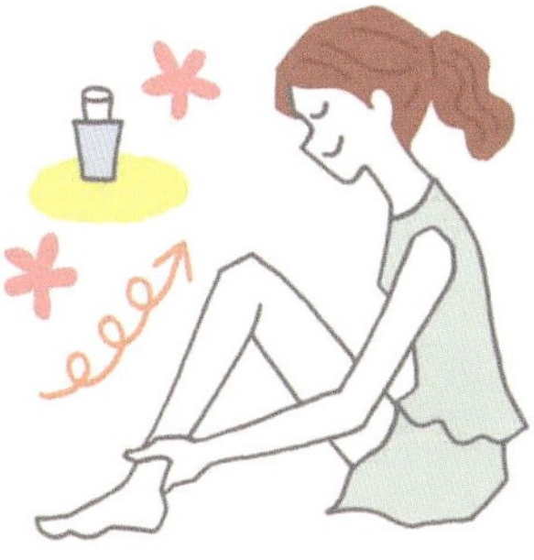

フェイシャルマッサージ

指の腹で、筋肉の流れに沿ってリズミカルに。
額からスタートして、目の周り、鼻、頬、口の周り、アゴから頬へ、円を描くようにマッサージします。

Part 1

美しい食事のマナー

■美しく味わうための飲食マナー
■レストランでのエレガントなふるまい
■レストランでのテーブルマナーとふるまい
■コース料理のいただき方
■和食店でのエレガントなふるまい
■中国料理のいただき方
■お酒のいただき方
■店の種類別のふるまい方
■食事をいただきながらの会話術
■食べにくい料理のいただき方
■お酒の上級マナー
■お茶の心得を生かしたテーブルマナー
■宿泊先でのマナー

美しく味わうための飲食マナー

飲んだり食べたりするときには、品の良し悪しが出やすいもの。食べ方がエレガントなマナー美人は、料理をさらにおいしく、食卓をなごやかにします。

これだけは押さえておきたいマナー

マナーの基本は気遣い

音を立てない、香水をつけすぎない…など周囲を不快にさせないというのが基本。皆が楽しく食事をするための気遣いと考えてふるまえば、余計な緊張は不要。

失敗してもあわてない

少しくらい順序を間違えても、あわてず騒がず。失敗よりも見苦しいのは、あせって失敗を重ねること。

楽しく食べるコツはウォッチング

話に夢中で自分だけ食事が進んでいない、盛り上げようとジョークを言ったつもりなのに不愉快な顔をされた…こんな失敗をしないためにも、周囲の状況をよく観察して。

手の動きにも気をつけて

指先はいつもそろえて優雅さを忘れずに。手で髪の毛に触れるのはタブー。食べ物がこぼれそうと手を受け皿のように添えるのも、実はマナー違反なので注意。

苦手、アレルギーなどは先に言って

苦手な食べ物やアレルギーがあるなら、オーダーの際に素材や調理法などを確認して。わからないままオーダーして、料理を手つかずで残すよりも、ずっとスマート。

食べ方の美しさは姿勢から

背筋を伸ばして姿勢よく。背が丸くなったり、器にかぶさるように口を近づける犬食いになったり、テーブルにひじをつくのもタブー。

会話は料理の最高のスパイス

楽しい会話は、料理をおいしくします。ただし度のすぎる料理のウンチクやグルメぶった料理の批評も考えもの。

聞かざるは一生の恥？

食べ方やマナーでわからないことがあれば、お店の人に聞いてしまうのがいちばん。新しい発見や上級マナーのコツにも出会えるかも。

気をつけて！ NG manner

●食後でも、タバコは断ってから

食事の席でタバコを吸うのはＮＧ。どうしても吸いたいなら、せめて食後、デザートを食べ終わってからにします。その場合も、必ず同席者にひと言断って。特に、テーブルの間隔が狭いところでは、隣の席などへの気配りも忘れないこと。

Point

美しい動作で、楽しくおいしく食べることがもっとも大切。そのための方法、ルールがテーブルマナーです。あまり堅苦しく考えすぎないこと。

プロトコールに学ぶしぐさ・作法・タブー
（国際儀礼）

ファッションは TPOが決め手

食事の目的、お店の格や雰囲気に合ったファッション選びが第一。懐石料理の店なら着物で出かけてみるなど、食事の雰囲気の一部であるファッションも楽しんで。洋服の場合のスカートは基本的に動きやすいフレアやプリーツがおすすめ。

料理を楽しむ気持ちが大切

食事のマナーは、美しく食べるためと同時に、楽しくおいしく食べるためのもの。早食いをしたり、料理を残したり、料理を楽しむ気持ちが感じられない行為はタブーになります。

音・香り…味や雰囲気を損なうものはタブー

食器やカトラリーのカチャカチャいう音、汁をすする音、げっぷやくしゃみ、大声、化粧や香水の強い香り、タバコの煙や匂い…料理の味や食事の席の雰囲気を損なうものはすべてタブーと思うべし。

歩く姿もエレガントに

プロトコールでは、立ち姿の美しさが大切です。腕を後ろにやや引き気味にして背筋を伸ばし、肩を自然に落とした姿勢が基本。このまま肩や上半身を揺らさず歩くこと。足は１本の線をはさんで歩くつもりで→13ページ。

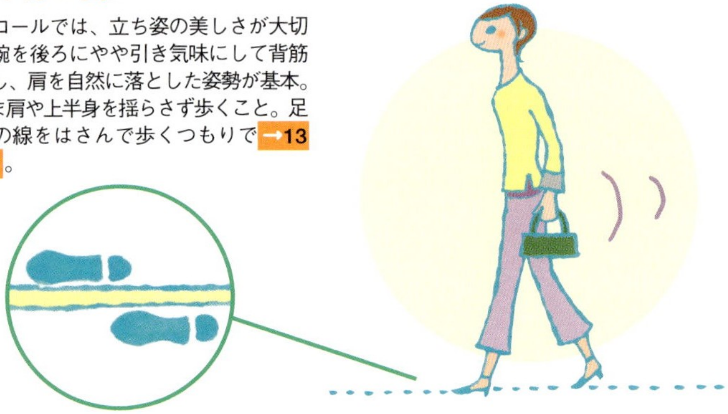

レディファーストはさっそうと

店に入るとき、席までの案内、着席など、いつも女性から。遠慮したり、まごついたりするのは美しくありません。ごく自然にさっそうとできるように慣れておきたいもの。

セレブのPoint Lesson

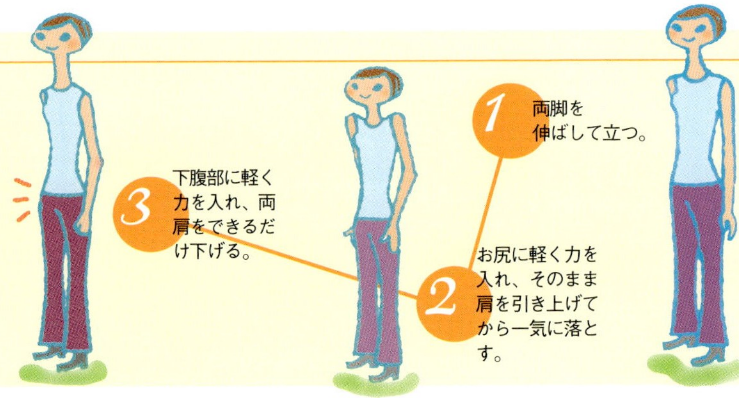

1 両脚を伸ばして立つ。
2 お尻に軽く力を入れ、そのまま肩を引き上げてから一気に落とす。
3 下腹部に軽く力を入れ、両肩をできるだけ下げる。

美しい姿勢の練習法

Q 美しい立ち姿をマスターするには？

Ⓐ 日頃から、鏡を見て自分の姿勢をチェックすることが大切↓10ページ。また、背筋が伸びているかをいつも意識するように。ふと気がつくと、背を丸めていたり、お腹を出していたりすることもありがちなので、要注意。

advice 一般に出入り口から遠い席が上座とされますが、プロトコールでは、よりよい席を譲るというのが原則。

レストランでのエレガントなふるまい

レストランでは、客も雰囲気の一部。格式の高い店では、当然、優雅さが求められます。雰囲気を楽しみながら、自然に溶けこめるようにふるまいましょう。

レストランのドレスコード

スマートカジュアルの場合

男性が上着にタイ着用なら、女性はワンピースなどきちんとした服装で。

スカーフやアクセサリーをプラスして、華やかモードに。

格式の高いレストランでは、ドレスコード（服装の規定）があるところも。公式の晩餐、特別なパーティーでない限り、「上着、ネクタイ着用」程度なので、難しく考える必要はありません。ドレスコードは男性向けになっていて、女性は男性に合わせた服装が求められます。

カジュアルはNG

ドレスコードがなくても、Tシャツやジーンズは避ける。短パン、ランニング、サンダルばきもNG。

フォーマルの場合

男性がタキシードかダークスーツなら、女性はドレスで。

レストランでのメークアップ

強い香りはマナー違反

公の場での化粧は女性の身だしなみですが、不自然に濃くならないように注意。特に、きつい香水はタブー。料理は香りも楽しむものなので、周囲の人たちにも迷惑です。

食事の前に化粧室へ

必ずおしぼりが出るとは限りません。テーブルへ案内される前か、オーダーがすんだ後で、化粧室で手を洗うと同時に、メークのチェックを。このとき、口紅を押さえておくと、グラスに口紅がつきにくくなります。

セレブのPoint Lesson

Q レストランを予約するときは？

A 予約の仕方も淑女の腕の見せどころ。窓際のテーブル、奥まった個室など目的に合う席を選びます。食事のコンセプト（誕生会や初デートなど）を支配人やスタッフに伝えておけば思わぬサプライズがあるかも。

予約の3大ポイント

- 時間と人数を正確に伝える
- 希望の席の指定（夜景が見やすい席、店全体が見渡せる席など）
- 席次に注意（通路や入り口から遠い席が上座）

Point

緊張すると、動作もぎこちなくなります。逆に、堂々としていれば少々の失敗は目につかないもの。まずはあれこれ考えず、優雅な雰囲気の中で、自分がいかに美しくふるまえるかに集中して。

上品なエスコートのされ方

アイコンタクトで丁寧なコミュニケーション

お店の人に何かをしてもらったら「ありがとうございます」のひと言を。このとき、必ず相手に目を向けて言うのがマナーです。

レディーファーストが基本

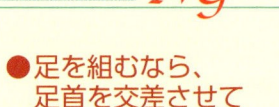

レストランでは、レディーファーストが基本。支配人や案内係のすぐ後ろに女性が続くとテーブルに着いてもすんなり進んでスマート。背筋を伸ばして、堂々と歩いて。ただレディーファーストが徹底されていない日本では、エスコートの相手に合わせる心配りも忘れずに。

手荷物はクロークに預けて

コートや大きなバッグは、クロークに。貴重品やハンカチ、口紅が入るくらいの小さなバッグを用意して席に持っていくのがスマート。カップルならクロークに荷物を預けるのは男性の役目です。

コートの女性らしい脱ぎ方

立ち居ふるまいは、できるだけ脇を開かないのが優雅。コートの前を軽く開いたら、脇は締めたまま両肩からストンと下に落とす感じで脱ぎます。

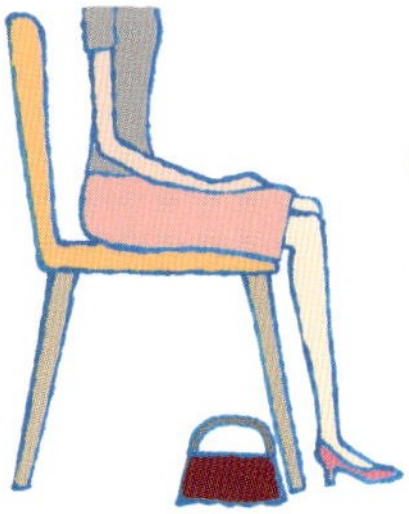

着席中のバッグは足元へ

バッグは空いている席か足元に置いて。足元に置くなら、ウェイターは左側からサービスするので右側に。小さなバッグは背中の後ろに置くか、ヒザの上に置いて、その上からナプキンをしてもOK。

美しい座り方

イスを引いてもらって腰を下ろす動作が、前を向いたまま、ごく自然にできるようにしましょう→14ページ。座った後で位置を直す場合は、しばらく間をおき、さりげなくずらすのが優雅さのコツ。

1 まず席の左側に立ちます。イスを引いてもらっている間に、静かにイスの前に移動。

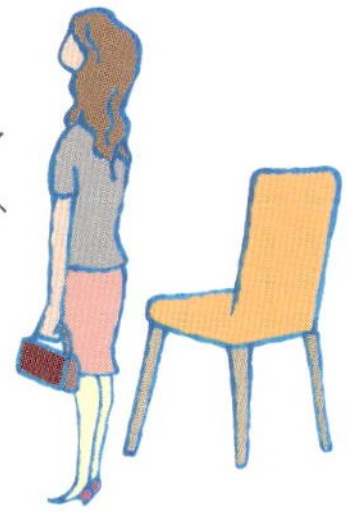

2 イスが足にさわったら、ゆっくり腰を下ろします。後ろをふり向かないのがポイント。

3 深く腰をかけて、背筋はピンと伸ばすこと。背もたれには、お尻だけつけて寄りかからないようにすると、姿勢をくずさずリラックスできます。

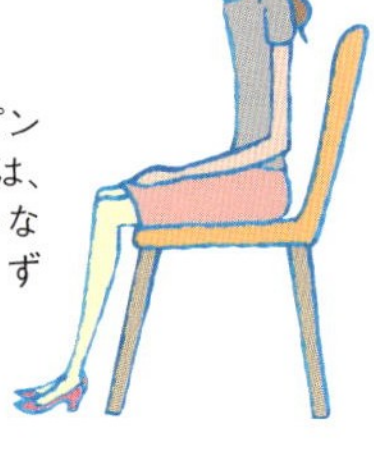

気をつけて！ NG manner

●足を組むなら、足首を交差させて

足を組むのは、正式の場ではマナー違反。姿勢も悪くなって美しくありません。どうしても足が疲れたら、両脚をそろえたまま足先だけ軽く交差させて。ただし、食べている最中は避けること。

advice 食事中の通話はマナー違反。携帯電話はクロークに預けるか、持ちこむとしても、電源を切っておくこと。

メニューやお酒の選び方

料理を決める

＜フランス料理のメニュー＞

hors d'oeuvres（オードブル）
前菜。entrees（オントレ）と書かれていることも。

potages（ポタージュ）
スープ。soupes（スープ）、consommes（コンソメ）も。

poissons（ポワソン）
魚料料理。ポワソンは魚のこと。

viandes（ヴィオンド）
肉料理。ヴィオンドは肉のこと。

legumes（レギューム）
サラダ。レギュームは野菜のこと。

fromages（フロマージュ）
チーズ。

desserts（デセール）
デザート。

料理名で「a la 〜」というと「a la nicoise（ニース風の）」のように「〜風」のこと。

コースかアラカルトか…

コースなら量も組み合わせも手頃。特に食べたい料理があるときや、品数が要らないときはアラカルトに。主菜を決め、それに合う前菜と2皿でも十分。デザートかチーズを加えても。

同席者と皿数を合わせて

同じテーブルでコースとアラカルトの両方をオーダーしたり、アラカルトの品数が各々違うと、品数の少ないほうが手持ちぶさたになるので注意。

値段のないメニュー

ゲストに値段の書いていないメニューが渡されるときは、気を遣わずに好きな物を選んで…という心配り。招待者には値段入りのメニューが渡されています。

気をつけて！ NG manner

●ウェイターを呼ぶときは軽く手を上げてスマートに

ウェイターを呼びたいときに「すみませ〜ん」と大きな声を出すのはNG。大きい声は食事の場にふさわしくありません。脇をしめたまま手を顔の横に上げて注意を促します。気づいたら目で合図を送って。

オーダーは男性がまとめて

食べたい物があったら男性に伝え、まとめてオーダーしてもらうのがスマート。男性はまず女性の分、次に自分の分と分けてオーダーすると、お店側がサービスしやすくなります。

食前酒選びは？

シャンパーニュや、キールロワイヤル、ミモザなどシャンパーニュベースのカクテル、キール、ドライシェリーなどが食前酒向き。アルコールが苦手なら、ガス入りのミネラルウォーターを。

ワインを決める

まず、グラスを持って色、香りをチェック。次に、口に含んで味を確認します。

テイスティングで「NO!」は言えない

テイスティングは味見というより、選んだワインが変質していないかを確認するためのもの。極端に酸味がきつかったり、濁っていたりなど、ひどい状態でない限りは交換できません。断る場合は、料金を支払うことに。

ソムリエを味方にして

ワインに詳しくないなら、ソムリエに相談したほうが間違いないはず。好みや予算を伝えた上で、料理に合ったものを選んでもらいます。予算は、ワインリストの値段のところを指して「このくらいで」と伝えるのがスマート。

セレブの Point Lesson

Q ワインの予算の目安は?

A ワイン選びをソムリエに相談するとしても、一応の予算は考えておきたいもの。特別なワインを飲むのが目的というわけでなければ、ワインは料理の半額くらいというのが目安になります。

8000円のコースをオーダーするなら､ワインは4000円前後というのが一応の目安。

スマートなおごられ方

相手のセンスをほめる

料理のおいしさ、店の雰囲気など特に満足したことを伝えます。そして、その店を選んだ相手のセンスのよさをほめるのがポイント。楽しいひとときをすごせたことへの感謝も忘れずに。

金額は聞かないように

ご馳走になる場合、会計のときには、金額が聞こえないように少し離れたところで待つこと。「意外に安いのね」といわんばかりに、いくら支払ったか知りたがるのは失礼。

お礼は速攻が効果的

お礼は、早いほど喜んでいる気持ちが伝わります。別れたらすぐにメールや電話でお礼を言うといいでしょう。あらたまった相手なら、後日お礼状を忘れずに。いずれも、また誘ってほしい旨を伝えるのがポイント。

 advice フォークで食べながらグラスを持つといった、「ながら動作」は美しくありません。1回1動作が基本。

レストランでのテーブルマナーとふるまい

いよいよ料理が運ばれてきて、胸踊るひととき。いちいち食べ方を考えていたら、おいしさも半減。自然に美しくできるように、ふだんの食事から慣れておきましょう。

テーブルでのふるまい

食べるスピードは同席者に合わせる

食べている人がいると次の料理は運ばれてきません。同席者に待ちぼうけをくわせるのは失礼。おしゃべりに夢中で食事が進まないなどということがないように。

「それちょうだい！」はタブー

人が食べている物は、ちょっと試してみたくなるもの。でも、人の皿に手を伸ばしたり、取ってもらったりするのはマナー違反。どうしても食べてみたいなら、ウェイターに予備の皿をもらって。

食べるのは音なしで

食器やカトラリーの音や、くちゃくちゃ食べる音…音を立てずに食べるのは、最低限のマナー。熱い料理を「フーフー」するのもだめ。皿やボウルに手をふれて熱さを確かめてからいただきます。

指先の法則を生かして

手をテーブル上に置いておく食事中は、指先の法則 →8ページ が大いに効果を発揮します。手はコンパクトにテーブルの上で組んでおくと優雅さをアピールできます。

カトラリーを落としたら

フォークなどを落としても、あわてて自分で拾うのはNG。ウェイターを呼んで、拾ってもらって。カトラリーの順序を間違えても、テーブルがパンくずだらけでもウェイターにまかせることです。

会話はタイミングにも注意

話題選びだけでなく、話すタイミングも大切。口に物を入れたまま話さないのはもちろんのこと、相手が物を入れたときに話しかけないようにするなどの気遣いも。

気をつけて！ NG manner

●花粉の季節は要注意！

げっぷやくしゃみ、あくびなど食事中に限らず、淑女のふるまいとしては避けたいもの。また、無意識にやってしまいがちなのが、鼻をすすること。欧米では、鼻をかむのより嫌われる行為。風邪をひいたとき、花粉の頃など特に気をつけて。

Point

カトラリーの使い方は、日頃から練習しておきたいもの。間違えてもあわてず、料理をおいしく楽しくいただくことが、最高のマナーです。

テーブルセッティングとマナー

［折り方］ ふたつ折りにし、折り目を手前にしてひざの上に。
［中座のとき］ 中座は避けるのが原則ですが、やむをえないときは、ナプキンはイスの上に。
［終了のとき］ ナプキンは軽くたたんでテーブルの上へ。きちんとたたむと、料理に満足していないサインに。

ナプキンは飲み物の注文とともに

ナプキンは飲み物を注文したら、もしくは飲み物が来たら広げて。グラスにサーブするとき、飲み物が服にはねるのを避けるため。

乾杯はアイコンタクトと笑顔で

グラスやカトラリーは所有者の財産なので、無造作に扱うのは失礼。乾杯も、グラスは合わせないのがマナーです。グラスを目の高さに掲げて、相手の目を見るのが正しいやり方。

パンはいつから食べてもOK

パンはスープの後から、といわれますが、決まりはありません。すぐ食べ始めるとガツガツして見えるとする人もいますが、エレガントに少しずつ食べれば問題なし→31ページ。

※ナイフとフォークは外側から順番に使います。

魚用スプーンはスプーンと同様に

ソースがたっぷりの魚料理のときに出されるソーススプーン。ナイフとスプーンの兼用で、身を切ったりソースをすくったりして使います。スプーン同様に、口をつけてかまいません。

セレブのPoint Lesson

Q イギリス式マナーとフランス式マナーとは？

A フォーク、ナイフの先端を上向きにセッティングするイギリス式、下向きのフランス式。フォークを右手に持ちかえてもOKのフランス式、持ちかえを嫌うイギリス式。スプーンで手前から向こうにスープをすくい、スプーンの横に口をつけるイギリス式、スプーンを逆に動かしてすくい、先端を口に入れるフランス式…違いはまだまだありますが、食べやすいほうを選んで。

ナイフとフォークの使い方

食事の途中でナイフとフォークを置くときは、"ハ"の字に。ナイフの刃を内側にし、フォークは下向き。料理を食べ終わったら、ナイフ、フォークはそろえて皿の右斜め下に。角度は5時の方向が一般的です。ナイフの刃は内側、フォークは上向き。

食事中

食事の後

ナイフ、フォークを立てたまま話をするのは失礼。

ナイフの持ち方

ナイフは人差し指を刃と柄の継ぎ目に当て、他の指でしっかり握って。フォークも同様に、柄の最上部に人差し指を当て、他の指で握ります。

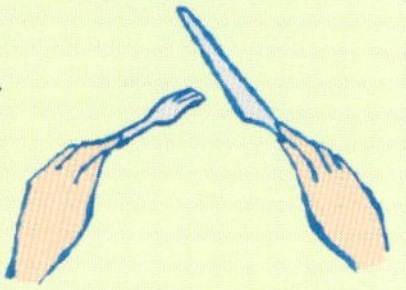

魚用ナイフ

魚用ナイフは、鉛筆を持つように握ったほうが使いやすいことも。先端が上向きになるように握ります。

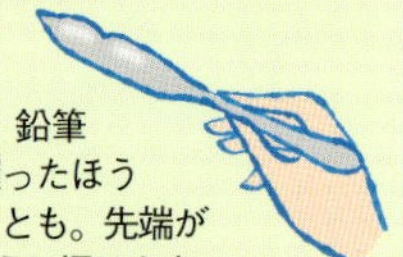

advice ナプキンがあるのに、自分のハンカチを使うのはとても失礼。また、ナプキンで顔の汗をぬぐうのもNG。

コース料理のいただき方

フルコースと聞いただけで、何となく構えてしまう人も少なくありません。手頃なコースで、場数を踏んでおくのもいいかも。

美しくいただくポイント

オードブル

汁を飛ばさず、レモン汁をかける

絞らないのが、飛ばさないコツ。レモンの断面にフォークを刺し、フォークをカギを回すように左右にひねれば、絞らなくても汁が出ます。

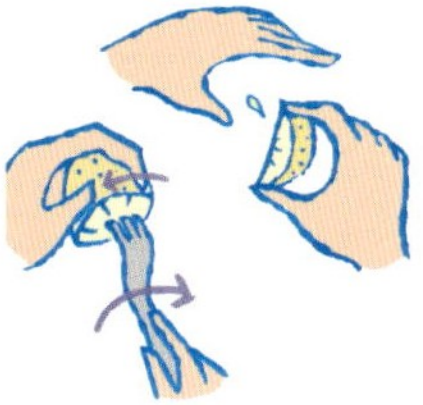

自分で取り分けるとき

サーバーのフォークの背とスプーンの間に人差し指をはさんで持ち、スプーンに乗せた料理をフォークの背で押さえるようにして。自信がなければ、フォークとスプーンを別々に両手で持つのも可。たくさん取りすぎないように。

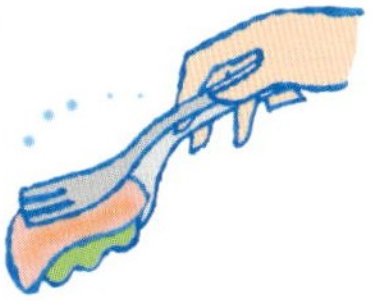

スープ

スプーンを向こう側に置くのは終了のサイン

食べ終わったら、スプーンはスープ皿の向こう側に。まだ食べている途中なら、皿に入れたままにします。

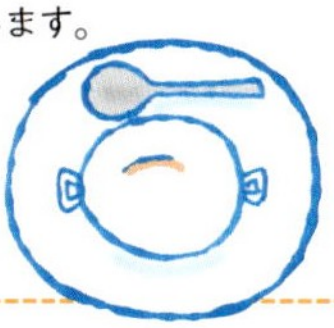

取っ手がついたスープカップは？

取っ手がついたスープカップは、スープが残り少なくなってきたら、取っ手を両手でつかみ口をつけて飲み干して。スプーンを使うときには、カップは置いたままで。

スープは口に流しこむ

スープは飲み物でなく、食べ物。食べるように流しこむのが、音を立てずに美しく食べるコツ。スプーンを45度くらいに傾けて。

魚料理

口の中の小骨は？

身と一緒に小骨を口に入れてしまったら、手に受けて取り出すしかありません。さりげなくナプキンで口を隠して出します。

骨つきの魚をきれいに食べる

❶上身と骨の間にナイフを入れ、上身を向こう側へ。

❷中骨をきれいに取り、上身を戻す。

❸上身と下身を合わせ、左から一口ずつ食べる。

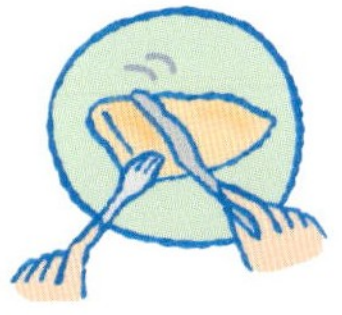

気をつけて！ NG manner

●お皿の交換はマナー違反

いくら料理がおいしくて同伴者にもお裾分けしたいと思っても、あらたまった席では、お皿の交換はNG。どうしてもシェアしたいなら、取り皿をもらって料理を取り相手に渡すこと。あるいは、あらかじめ伝えておけば、最初から取り分けて出してくれたり、頃合いを見て、ウェイターがお皿を交換してくれたりすることも。

Point

出てくる料理はいろいろでも、基本はそう変わりません。基本さえはずさなければ、食べやすい方法で食べるのがもっとも自然で美しいのです。

デザート

食べにくいケーキは倒して

ミルフィーユのように食べにくい物は、横に倒します。

パイのようにくずれやすい物は、クリームやソースに小片をからめながら食べると、跡がきれい。

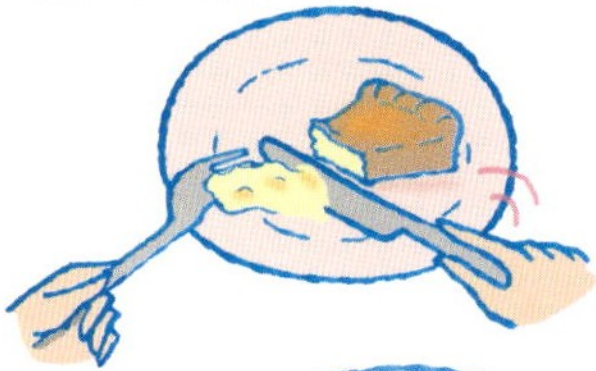

フルーツもナイフとフォークが基本

左から一口分ずつ切り分けて…というのは、肉料理などと同様。

パン

パンをスープに浸さない

メインディッシュのソースの残りをパンにつけて食べるのは、ソースのおいしさに満足していることでもあり、マナー違反にはなりません。ただし、スープにパンを浸して食べるのは、どんな場でもNG。

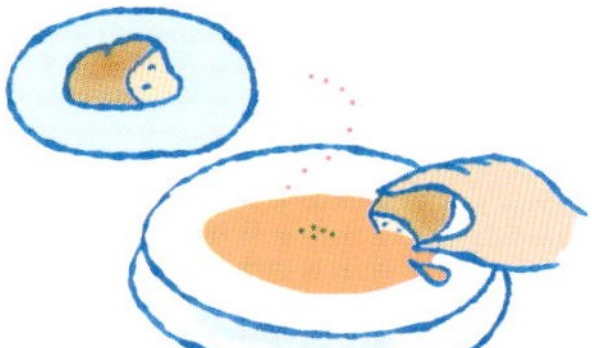

パンは手でちぎって

両手を使って、一口大にちぎって食べます。

バターを使うときは、バター皿から自分のパン皿に移してから。バターは、空中でなくパン皿の上でつけること。

肉料理

切っては食べ、切っては食べ…が基本

左手のフォークで押さえながら、左側から一口分ずつ切って。切って食べて、切って食べて…を繰り返します。大きく切りすぎて、口で食いちぎる、などということのないように。

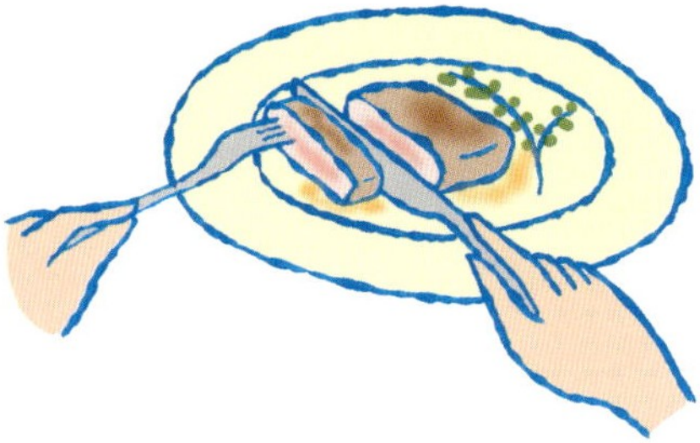

淑女はかじりつかない

骨つき肉は、骨に沿ってナイフを入れてから一口ずつ。骨に紙飾りがついていても、そこを手で押さえて肉を削ぎ落とすための物。手で持って、肉にかじりつく姿は優雅には見えません。

濃いソースは片隅に、薄いソースは全体に

肉料理では、ソースが後から出てくることもあるので、あわてて食べないように。

ドロっとした濃いめのソースは肉全体にかけずに皿の片隅に。

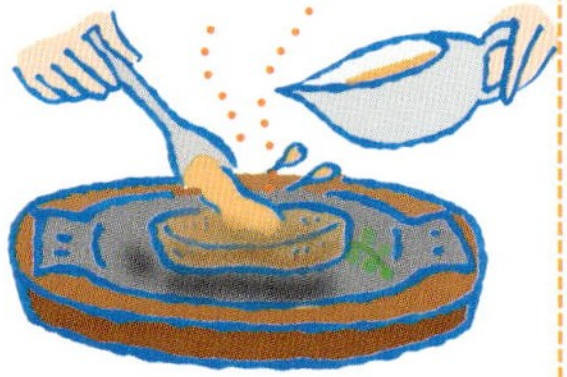

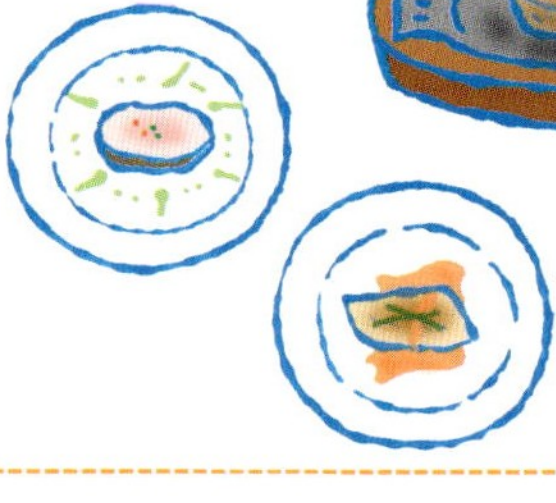

サラッとしたソースは全体にかけて。

セレブのPoint Lesson

Q デザートの前に出てくるチーズは？

A チーズは、これまで食べた物の物足りなさの調整、重い肉料理からデザートへのつなぎの役割などで出される物。満腹なら省略してもかまいません。このチーズは、ナイフで切って、フォークに刺して食べてもいいし、つけ合わせのパンやクラッカーに乗せて食べてもOK。ワインを少し残しておいて、これと一緒に食べるのもスマート。

advice フィンガーボールが出てきたときは、手で食べてもかまわないということ。指先を洗うときは片手ずつ。

和食店でのエレガントなふるまい

日本人なのに、知っているようで知らないことも少なくない正式な日本料理のマナー。さりげなく、きちんとふるまえれば〝粋〟でスマート、好印象間違いなし。

和室でのテーブルマナー

座布団の座り方

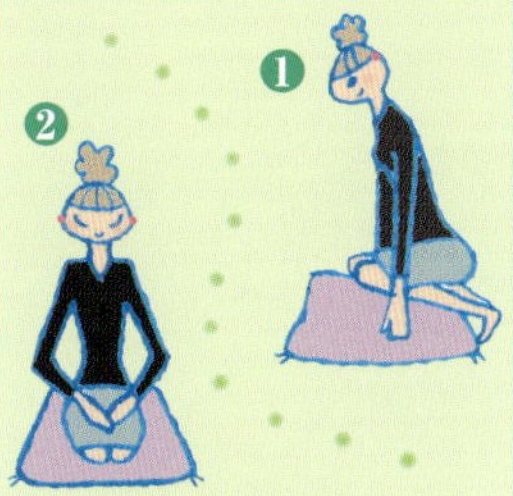

❶座布団の下座に座ってひざをつき、軽く握った両手を座布団につく。

❷手で身体を支えながら、ひざを滑らせるように座布団の上に上がり、姿勢を正す。

バッグは座卓の下に

バッグは座卓の下に置くこと。料理が膳で出される場合には、身体のすぐ左に。

懐紙を用意する

口元の汚れをふいたり隠したり、受け皿がわりにしたり…。あると大変便利です→44ページ。

指輪ははずしておく

食器を傷つけるおそれがあるので、大きな石のついた指輪や大きな貴金属のアクセサリーははずして。

きちんとしたスタイルで

店の雰囲気に合わせたスタイルで行くのは、料理のジャンルに関係なく一緒。特に格式のある店なら、スーツ、ワンピースなどきちんとした服装で。

正座をしても見苦しくならない服を。ミニスカートや身体にぴったりのタイトな服は避けて。

美しい箸使い

うっかりしていない？ タブーの箸使い

[迷い箸] 何を食べようか箸先をあちこち動かすこと。

[移り箸] 料理から料理へ移ること。間に少量でもご飯を。

[涙箸] 料理の汁を落としながら食べること。

[刺し箸] 料理に箸を突き刺すこと。

[渡し箸] 箸置きを使わず、器の上に箸を置くこと。

[探り箸] 料理を箸でかき回したり引っくり返したりすること。

[ねぶり箸] 箸先をなめること。箸先をかむかみ箸もダメ。

[寄せ箸] 箸で器ごと引き寄せること。

[空箸] 箸を料理につけたのに、食べずに戻すこと。

[こみ箸] 口に入れた料理を、箸先で押しこむこと。

箸の取り方

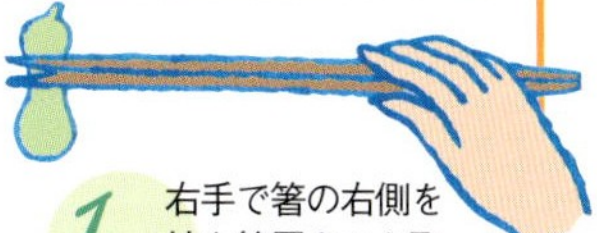

1 右手で箸の右側を持ち箸置きから取り上げます。

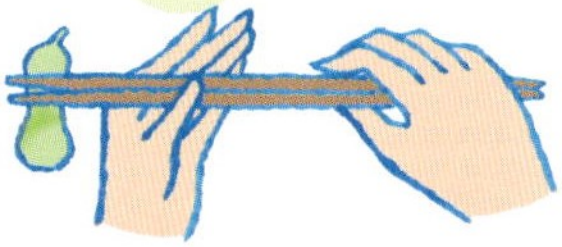

2 左手を下から添えます。

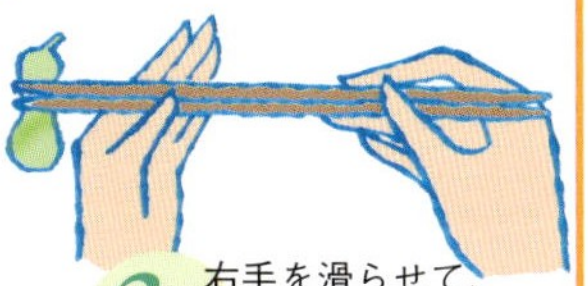

3 右手を滑らせて、正しく持ちかえます。

箸の置き方

取る場合の逆に。右手で持ったまま左手を添え、右手を滑らせます。左手を離し、静かに箸置きに。

再チェック！正しい持ち方

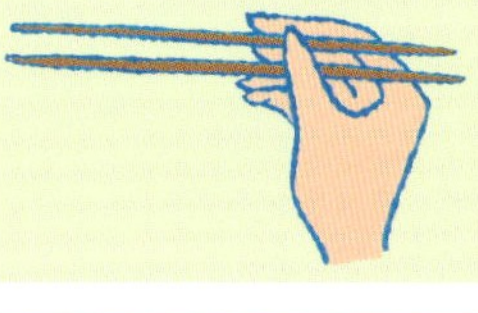

上は人差し指と中指で、下は薬指と親指のつけ根で支え、上の１本を動かして、物をはさみます。箸の中央より上のほうを持つときれい。

Point

つゆを垂らしたり、食器などを乱暴に扱ったり無造作な所作にさえ注意すれば、難しいことはありません。箸の使い方は、日々再確認を。

和食のいただき方

煮物

汁も一緒に味わって

汁気の多い煮物は、汁も一緒に味わうのがマナー。器を手に持っていただきます。器に口をつけて、汁を飲んでもOK。

揚げ物

天つゆはつけすぎない

天つゆは食べる直前に。天つゆの器や懐紙を受け皿にして、つゆがたれないように。

一口で食べられない物は、懐紙などで口元をさりげなく隠してかみ切って。

ご飯・止め椀・香の物

バランスよく食べること

締めの食事は、ご飯、お椀、香の物の3品をバランスよく。蓋を取ったら、ご飯の蓋は膳の左、お椀の蓋は膳の右に。まず、ご飯をいただき、汁を吸い、香の物へと進みます。

造り

わさびは刺身の上に乗せて

わさびは、刺身の上に少しずつ乗せて。これをしょうゆにつけていただきます。しょうゆがたれないように、下にしょうゆ皿を添えて。

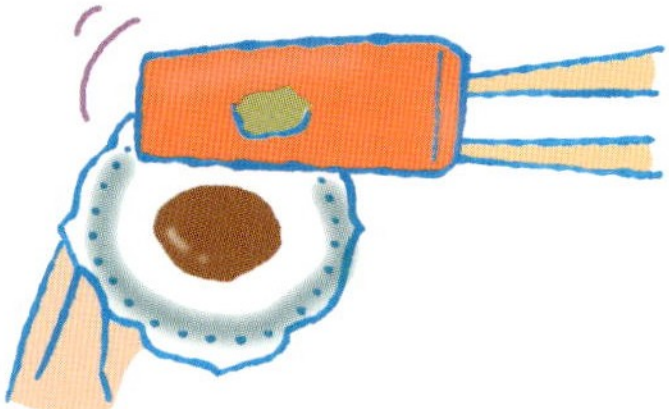

焼き物

魚を裏返さないのはフレンチと同じ

❶上身を頭のほうから尾のほうへと食べて。

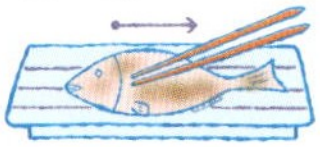

❷中骨をはずします。

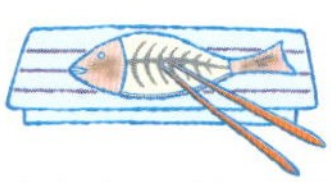

❸下の身も同様に右へと食べて。上下は引っくり返さないこと。

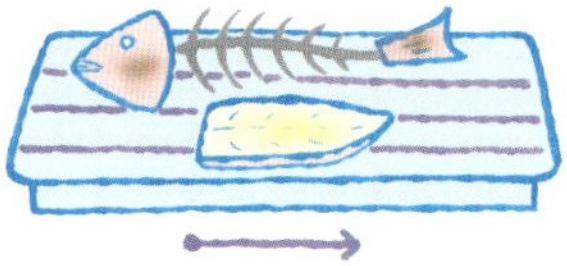

前菜

迷ったら左から

盛合わせの前菜は、どれから食べても問題ありません。迷ったときは、左から。左に薄味の物が盛られ、右ほど濃いめになっています。

一口分ずつ取るのが基本

口に運ぶのは、一口分ずつ。一口で食べにくそうな場合には、器の上で切ってから、箸でつまみます。口でかみ切って戻すのは、エレガントには見えません。

吸い物

露切りをしてから

蓋を開けたら、お椀の縁に立てかけて、内側の滴を落とす"露切り"を。最初に、一口汁を吸って香りを楽しみ、次に実をいただきます。

蓋を閉じるときは裏返さない

食べ終わって蓋を戻すとき、蓋を裏返さないこと。塗りのお椀は傷つきやすいので、丁寧に扱うようにします。

ここで差がつく one rank up manner [ワンランクアップマナー]

●お椀を取るときは、お椀→箸の順で

❶右手の指先をそろえてお椀を取り、左手を底に添える。

❷左手でお椀をしっかり持ち、右手で箸を取る。

❸左手の中指をお椀から離し、箸をはさむ。

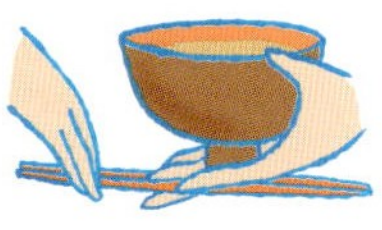

❹右手を箸の下にすべらせる。

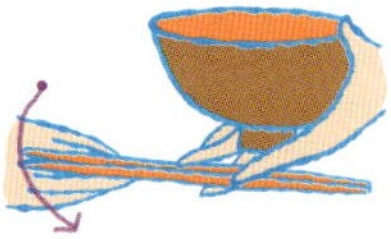

advice 座布団はひざから上がったり下りたりするもの。足で踏まないように注意しましょう。

中国料理のいただき方

決まりごとが少なく、大勢でにぎやかに楽しくいただけるのが中国料理の大きな魅力。食卓をより楽しくするには、周囲への気配りが欠かせません。

中国料理のテーブルマナー

器は持ち上げない

皿や器は、手で持ち上げないのがマナー。テーブルに置いたまま、箸やレンゲで料理を口まで運ぶようにします。汁がたれそうな料理は、箸で料理をレンゲに乗せて食べるのがスマート。

ターンテーブルは時計回りに

ターンテーブルは、時計回りに回すこと。回すときには、誰かが料理を取っていないか、ぶつかりそうな食器やグラスなどはないかチェックをしてから。

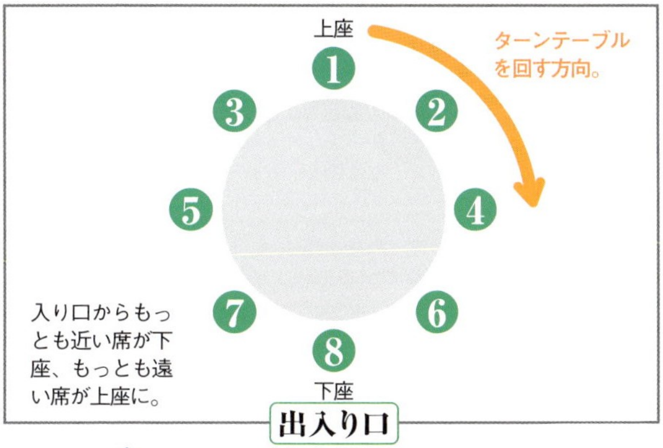

取り分けるのは自分の分だけ

遠くにある料理を、立ち上がって取り分けるのはマナー違反。ターンテーブルで自分の前に料理を止めて、自分の分だけ小皿に取り分けていただきます。他の人の分まで取り分けるのもＮＧ。

点心にかぶりつかないように

春巻き、饅頭、花巻などに、かぶりつくのはマナー違反。春巻きなど一口で食べきれない物は、取り皿の上で切ってから、饅頭などは手でちぎってから、一口分ずついただきます。

スープはレンゲを使って

器を置いて左手を添えたまま、レンゲですくっていただきます。前かがみで犬食いにならないように注意。

［レンゲの持ち方・使い方］

レンゲは、親指と人差し指でつまむように持ちます。スープを飲むときは、先端を口に当てて。たれそうな料理はレンゲに乗せて食べたり、箸で食べてレンゲを受け皿として使ったりと、うまく使いこなしたいもの。

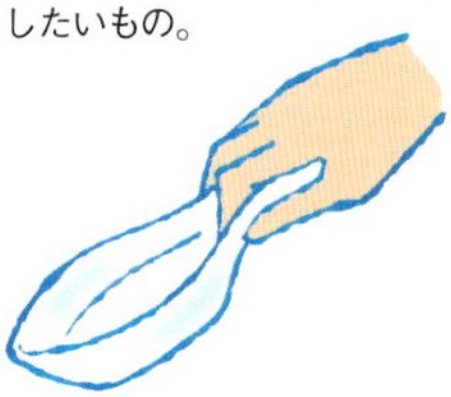

包む、殻をむく…手を使うときは美しく

レタスや皮で具を包んだり、エビの殻をむいたり、手を使っていただく料理もいろいろ。それだけに、指先をそろえた優雅な手の動きが目立つことになります。

中国茶のフィンガーボウル

中国茶の脂肪分を落とす効果はよく知られています。中国茶の入ったフィンガーボウルは指先を洗う物なので、飲まないようにご用心を。

Point

ターンテーブルを回すときに周囲に気をつけること、器や皿は手で持ち上げないことが基本。リラックスした中にも、優雅な所作を意識して。

お酒のいただき方

お酒を飲むのにマナーなんて…。いえ、皆で楽しむからこそ、気遣いを忘れずに。飲み方がスマートできれいな大人の女性を目指して。

和 和食

日本酒（冷酒・燗酒）、焼酎

乾杯はとにかく口をつけて

まずグラスを胸の高さに持ち、「乾杯」の声で、目の高さまで上げて、周囲の人たちと軽く会釈をして口をつけます。飲めない人も、一口だけでも口をつけるのがマナー。

お酌を受けるとき

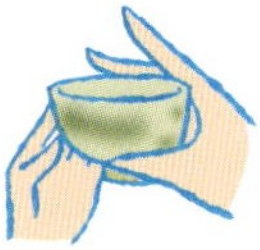

お酌を受けるときは、盃やグラスは必ず両手で持って差し出します。盃なら左手を軽く横に添える感じ、グラスなら左手を底に添えるのがきれい。指先はそろえること。

お酌をするとき

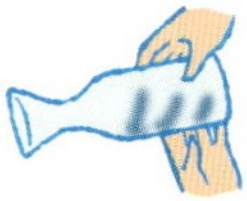

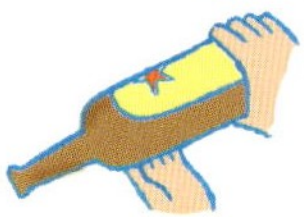

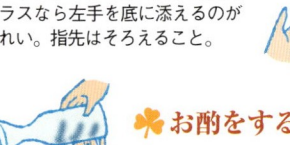

徳利もビール瓶も、右手で上から持って、必ず左手を添えること。右手を返して手の平側を見せるのは、しなをつくっているように見えて、上品さに欠ける印象。

中 中華

紹興酒、老酒など

老酒にいきなり砂糖を入れない

温めた老酒と一緒に氷砂糖が出てくるのは、口に合わないときに調整して…という意味。甘くした老酒がよほど好きでない限り、砂糖は入れないように。

セレブのPoint Lesson

Q お酒が飲めないと場が白ける？

A 飲んでいようがいまいが、それで白けるということはありません。おしゃべりや雰囲気を自分から楽しむことが、何よりの方法です。乾杯だけ、軽く口をつけたら、あとはソフトドリンクに。アルコールっぽく見えるウーロン茶にするとベター。グラスが空いていたら、お酌をしたりして気分よく酔わせてあげましょう。

仏 フレンチ

食前	シャンパーニュ、シェリー、ベルモット、カクテル
食中	ワイン
食後	ワイン、ポルトワイン、ブランデー、リキュール、スピリッツ

料理との相性が大切

ワインと料理とのマッチングは“マリアージュ（結婚）”とも呼ばれ、ワイン選びのポイント。肉だから赤ワイン、魚だから白ワインというステレオタイプな知識に縛られず、料理との相性とワインの好みで。

注いでもらうときはグラスを置いて

ワインを注いでもらうときは、グラスを手に持たないこと。テーブルに置いたまま、手を添えるのも不要。あらたまった席ではソムリエやウェイターにまかせること。

グラスの持ち方

ワイングラス・シャンパーニュグラス

脚の部分を持つこと。

ブランデーグラス

手の平でグラスの底を包むようにして、お酒を温めて。

Point

素が出やすいシーンだからこそ、気を抜きすぎないように。グラスの持ち方や飲み方も再チェックを。指先にも神経を尖らせていつもエレガントに。

advice 日本酒のお酌をするとき、注ぎ終わりにちょっと銚子を回すと、しずくがたれるのを防げます。

店の種類別のふるまい方

出す料理や雰囲気が違えば、スマートなふるまい方も違ってきます。
それぞれの場で自然にふるまえるようになれば、もうマナー上級者。

寿司屋

にぎりのオーダーの順番は？

好きな物を好きな順に食べるのがいちばん。一般に淡白な物から、ひかり物、脂の多い魚と、だんだん重くするのが基本。迷ったら、白身、イカ、ひかり物、貝、赤身、穴子などの煮た物、玉子という順番で。

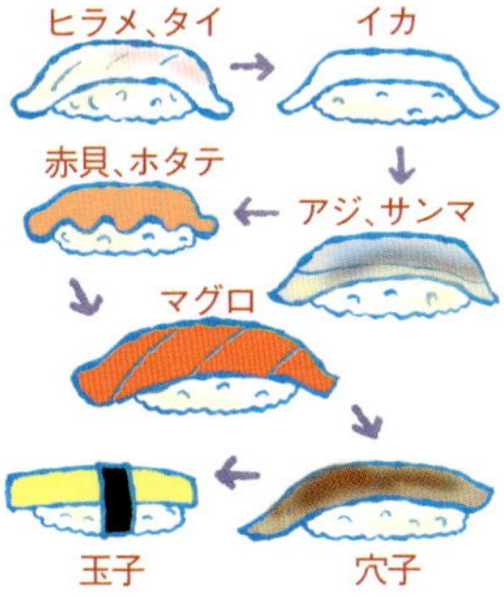

手で食べるのが粋、ただし美しく…

にぎりを手でつまみ、しょうゆをつけて一口で食べるのが粋。スムースにいかないなら、箸で食べたほうが無難。いったんにぎりを横に倒し、ネタとご飯の両方を箸ではさむように持つと、ネタにしょうゆがつけやすくなります。

しょうゆはネタに

しょうゆはご飯でなく、ネタのほうにつけるのが基本。ご飯にしょうゆがつくと、くずれやすくなるので注意。ネタの先に少しだけつければ十分。

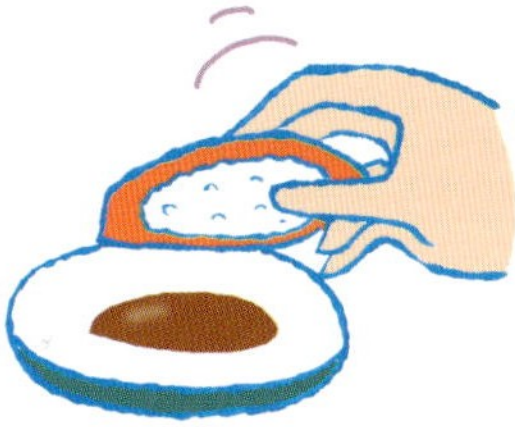

そば屋

そばは音を立ててもかまわない

音を立てるのはテーブルマナーのタブーですが、そばだけは例外。音を気にしてボソボソ食べるのは粋ではありません。ただし、すすったとたんにつゆを飛ばしたりしないように注意。

つゆをつけるのは少しだけ

そばにつけるつゆは少しで十分。そばをつゆにどっぷりつけるのでなく、先のほうだけつけて、そば特有の香りも楽しみます。箸でそばを一口分ずつ取り、つゆに少しだけつけたら、一口で食べきるのが粋。

天ぷら屋

揚げたてを速攻で食べる

揚げたてのアツアツをいただくのがマナーであり、もっともおいしい食べ方。話に夢中になって、放っておいたりすることのないように。

天つゆか塩かは好みで

天つゆで食べるか、塩とレモン汁で食べるかは、自分の好みでＯＫ。「塩でどうぞ」といわれたら、塩で試してみましょう。

箸で切れないものはかじってOK

箸で切れるものは一口分ずつ切りますが、イカや尾のついたエビなどはかじってもOK。その場合は、懐紙で口元を隠す、口元の油をさりげなく拭き取るのが淑女のマナー。

Point

それぞれの料理をおいしく食べるための方法がマナーとも言えます。形にとらわれすぎず、楽しんでいただいているうちに、自然に身につくはず。

一人で楽しむ食事

行きつけをつくる

夜はお酒が中心の店も多く、女性が一人で食事するのに居心地が悪いことも。気に入った店は、何度か通って顔見知りになるのがいちばん。和食、フレンチ、イタリアン、中華、バー…などジャンルごとに行きつけができればベター。

いらっしゃい！
おなかペコペコで

軽く一杯やりながらの余裕も

グラスワインを飲みながら、軽く地酒を一杯やりながら…一人の食事も、こんな姿がキマるようになれば申し分なし。お腹を満たすだけでなく、一人でも楽しむ食事を。

食べきれないなら小ポーションを

一人であれこれオーダーして残すより、最初にポーションを小さくするよう頼んでみましょう。また、ご飯などもそれほど食べられない人は、少なめにしてもらう習慣を。

Harf size
menu

バー

好みを伝えてオリジナル・カクテルを

自分だけのオリジナルをつくってもらうのも楽しみ。ベースの酒、お酒の強弱、甘味や酸味などの好みなどを伝えます。その日の洋服やアクセサリー、マニキュアの色に合わせてつくってもらうのもおしゃれ。

バーテンダーとの会話を楽しむ

カウンターに座ったら、バーテンダーと会話を楽しむのも一興。接客のプロなので、上手な会話のヒントなどが発見できることも。ただし、一人でバーテンダーを独占するのはＮＧ。忙しそうなら、そっと引くタイミングも大切。

飾りのフルーツは食べてもいい？

カクテルの飾りのフルーツは、もちろん食べてもＯＫ。グラスの縁にかけてあるレモンやライムは、絞ったらグラスの中に入れてもよし、皮の苦みがいやなら出してもよし。灰皿などに捨てずに、ナプキンに軽く包んで。

高いスツールに美しく腰掛ける法

❶カウンターとスツールに手を置き、止まり木に足をかけて腰を浮かせます。

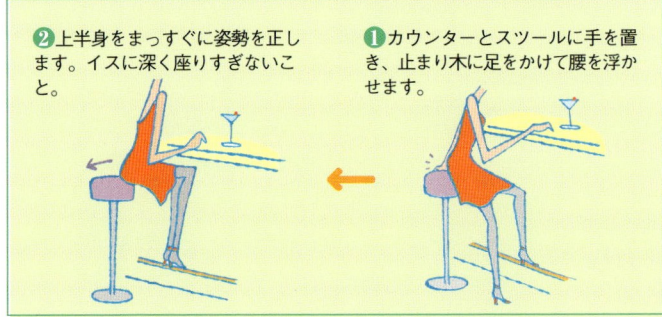

❷上半身をまっすぐに姿勢を正します。イスに深く座りすぎないこと。

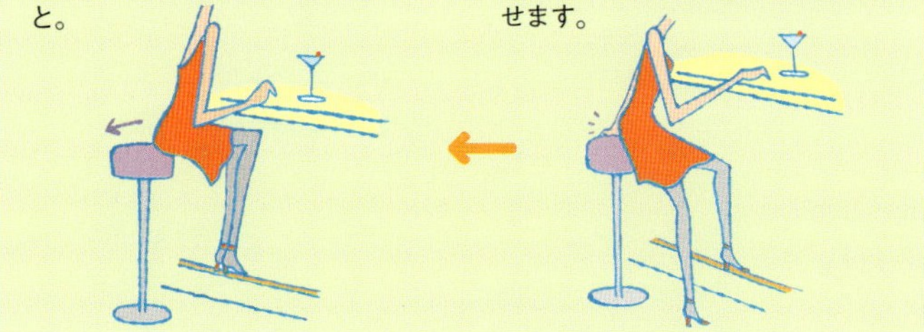

advice あまり飲めない人は、バーではノンアルコールでカクテルをつくってもらえば雰囲気を楽しめます。

食事をいただきながらの会話術

食事を楽しむためには、料理に負けないくらい会話も大切です。せっかくの料理も黙々と食べていたのでは、おいしさは半減。知的で洒落た話術が、食卓を盛り上げます。

同伴者別の会話

恋人

食事に二人の世界はない?!

いくら親密な相手でも、あらたまった席で「一口ちょうだい」などといつもの調子でやらないように。人の悪口や愚痴、痴話ゲンカ、おねだり…耳に入った人が不快に感じるような話や口調は避けて。

食後は女性らしさのアピールも

食事中は姿勢のよさが美しさのポイントですが、食後バーなどに行ったら、彼のほうに少し斜めに座って楽しくおしゃべりを。彼が話したい話題などをふってあげるのもいいでしょう。

友人

共通の話題で楽しく笑い声、声高に注意

あれこれ考えなくても、お互いの興味のある話題はわかっているはず。最近始めたことや面白かったことなど新しい話題を織り交ぜると新鮮です。気を抜きすぎて、大声になったり、甲高い笑い声をあげたりにはご用心。

上司

同僚などの噂話は避ける

同僚の噂話は避けたほうが無難です。特に、よくない噂なら「さあ、耳にしたことありませんが…」「疎いものですから」と知らないふりをするのがいちばん。

聞き上手に徹する

人の上に立つ人には、話したがりや講釈好きが多いもの。聞き上手に徹し、上手なリアクションで気持ちよく話させてあげるのがいちばん。話題が途切れたとき、意見を求められたときは出しゃばらない程度にきちんと話題の提供を。

取引先

仕事の話はほどほどに

打ち合わせや商談の席でなければ、自分から仕事の話題は出さないのが無難。「ゴルフはシングルプレーヤーとお聞きしましたが…」など、事前に相手の興味のあることの情報収集は怠りなく。

気をつけて！ NG manner

●こんな話は避けて！

不快になったり暗い気分になったりする話題は避けるのがマナー。これらの話題は、食事がおいしくなくなります。

【NGの話題】

悪口・批判、愚痴、宗教の話、政治の話、下ネタ・汚い話、病気、自慢話、プライベートすぎる話

Point

食事の席を盛り上げる会話は、相手も自分も楽しめる話題から。自分たちは気にならなくても、周囲の人が不快になるような話題や態度は要注意。

会話のヒント集

食事をより楽しくいただくために、ちょっとした小ネタを用意しておく気配りを。
話題が途切れたときのつなぎや、好感度アップに効果的です。

! フレンチのフルコースのルーツはロシア

ロシア宮廷料理はフランスから招かれた料理人によってつくられましたが、寒冷地のロシアで料理が冷めないようにと料理を順次出すスタイルに。これがフランスに逆輸入されたのが、現在のコースのルーツ。

! 家康の死因は甘鯛の天ぷらの食べすぎ？

徳川家康の死因は、好物の甘鯛の天ぷらを食べすぎたためというのは、わりとよく知られた話。ただ、ふだんは麦飯にみそ汁、季節の野菜などが中心の質素な食生活で、当時としては長寿の75歳まで生きたそうです。

! お酒の歴史は人類出現以前から

いまから二千万年前には、地球上で既にブドウは生育していたことがわかっており、微生物の力でブドウの糖分からワインができていたことは間違いないとか。紀元前五千～四千年には人の手でワインがつくられたことが古代オリエントの文学に記されているし、同じ頃、ビールづくりを行っていたという記録もあります。

! 17世紀までヨーロッパの食事は手づかみで

ヨーロッパで、現在のようなナイフ、フォーク、スプーンのカトラリーを使っての食事が定着したのは17世紀頃。それまでは料理を手づかみで食べるのが一般的でした。この食事法の変革は、イタリア・メディチ家のカトリーヌ王女のフランスへの嫁入りがきっかけとも。

! 森鴎外の好物は饅頭茶漬け

文豪・森鴎外は、饅頭を四つに割り、ひとつをご飯に乗せて煎茶をかけて食べるのが好きだったそう。同じ文豪でも、夏目漱石は羊羹、北原白秋はカステラが好物。昔なら、紫式部のイワシ好きも有名。

! 三大珍味といえばキャビア、フォアグラ、トリュフだが…

世界三大料理といえば、フランス料理、トルコ料理、中国料理。また世界三大スープというと、ブイヤベース、フカヒレのスープ、トムヤムクンです。ちなみに、ミュンヘン、札幌、ミルウォーキーは三大ビール生産地です。

! 三日三晩食べ続ける満漢全席

清朝時代から伝わる“満漢全席”は、ぜいたくの限りを尽くした中国皇帝の宴。西大后なども食したことで知られますが、150種類以上の料理を三日以上かけて堪能するとか。熊の手の煮こみ、子豚の丸焼き、虎のペニスのスープなどの献立も。

ここで差がつく one rank up manner［ワンランクアップマナー］

●覚えておくと使える飲食“名言”集

食べること飲むことは、生きていく上で欠かせない手段であり、また人生に楽しみを与える営みでもあります。それだけに、古今東西いろいろな人が含蓄のある言葉を残しています。

- 美味とは食物そのものにあるものでなく、味わう舌にあるものである（ロック）
- 私はうまいスープで生きているので、立派な言葉で生きているのでない（モリエール）
- ご馳走は我々を寛大にし、美食家は人を責めない（ラタビー）
- 落ち着かない食事は消化不良を招きます（シェークスピア）
- ギムレットには早すぎる（チャンドラー）
- 君の瞳に乾杯！（映画「カサブランカ」）

食べにくい料理のいただき方

きれいに食べるのが難しい料理、食べ方がわかりにくい料理…。
美しいテーブルマナーのハードルを、ひとつひとつクリアしていきましょう。

和食 和

おせちは一の重から

年賀ですすめられることも多いおせちは、いちばん上の一の重から箸をつけるのがマナー。きれいな盛りつけをくずさないように、端から取るように。

一の重には、きんとん、伊達巻、かまぼこなどが入ります。

お重は持ち上げないのがマナーです。

串物は串をはずしてから

田楽やつくねなど串の料理は、串を左手で持ち、箸で串をはずして食べやすい大きさに切っていただきます。串は皿の隅にまとめて。

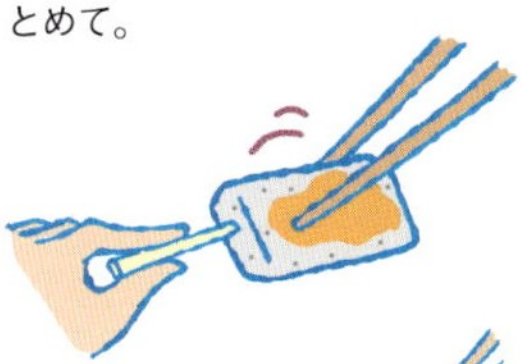

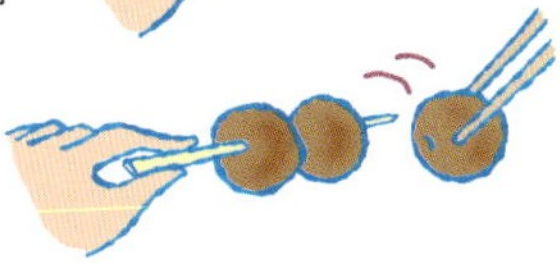

盛り合わせ天ぷらは手前から

盛り合わせ天ぷらは、盛りつけをくずさないように手前からいただきます。エビやイカなどは、箸で一口に切れないので、歯でかみ切ってもＯＫ。エビの尾を残したら、懐紙でカバーを。

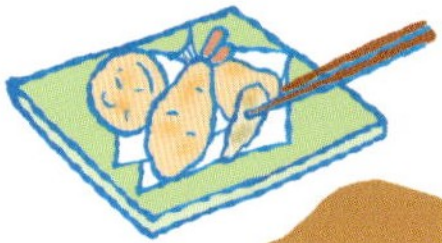

土瓶蒸しは、汁と具を別々に

土瓶の蓋を取って、汁を注ぎます。これを飲みながら、土瓶の中の具を箸でつまんでいただきます。

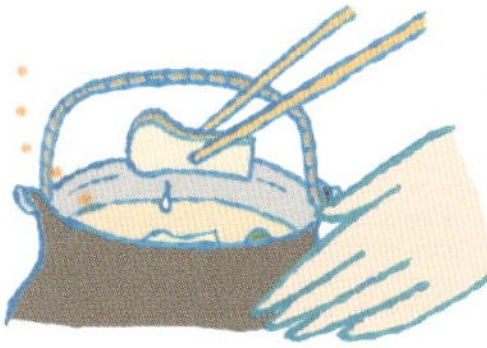

汁を注ぐとき、箸を入れるとき、左手を土瓶に軽く添えて。

殻つきエビは、まず殻をはずして

頭を左手で押さえながら、まず頭をはずします。

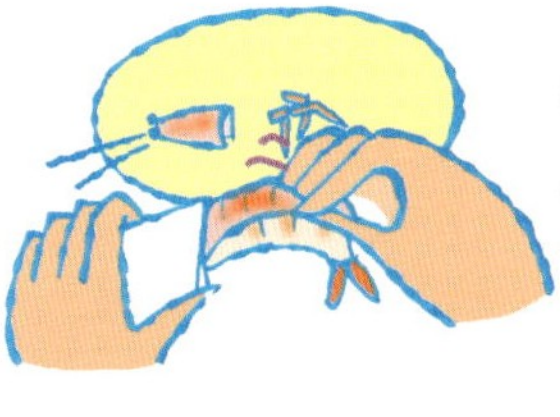

足と殻をはずします。懐紙の上から押さえるとスマート。

ここで差がつく one rank up manner [ワンランクアップマナー]

●食後のコーヒーや紅茶はクロスの法則で

コーヒーや紅茶を飲むとき、お酒を飲むとき、クロスの法則 →8ページ で美しくふるまって。正面よりも斜めになることで角度がつき、口の中や鼻の穴がかくれるので、きれいに見えます。

カップには指を通さず、3本の指で持ち上げるとエレガント。

Point

それぞれ食べ方が違って面倒と思う人もいるでしょうが、マナーというものは、もっとも美しく合理的な方法。習うより慣れろがいちばん。

洋 洋食

殻つきカキは貝柱を切って

左手で殻を押さえながら、ナイフを身の下に入れ、貝柱のあたりに当てて、静かに切りちぎるような感じで。殻に残った汁を吸ってもかまいません。

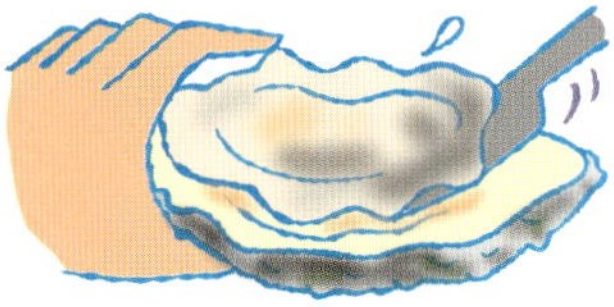

ロブスターは身と殻を離してから

左手のフォークで身を押さえながら、ナイフを殻との間に入れて身をはずして。殻から取り出したら、左からナイフで切りながらいただきます。

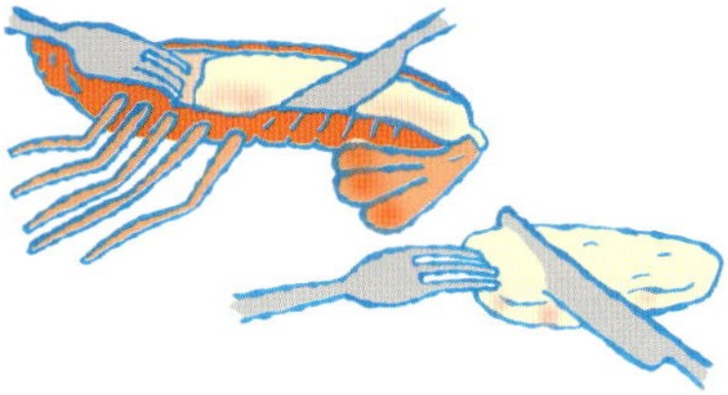

エスカルゴはトングで押さえて

身を引っ張り出していただきます。専用のトングを左手に持ってしっかりとはさみ、専用のフォークで身を引き出して。汁はパンにつけても可。

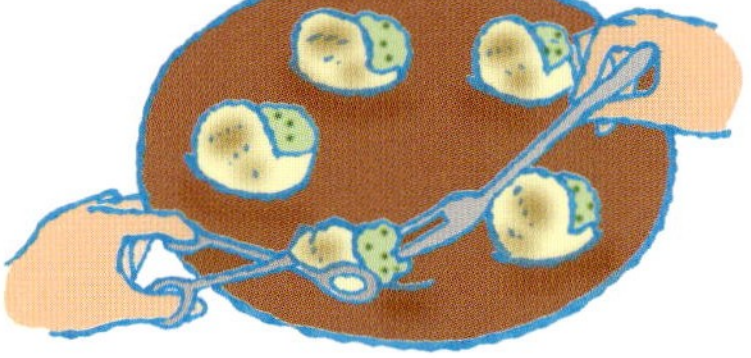

ライスはフォークの腹側に乗せて

ライスは、フォークの背ではなく腹のほうに、一口分ずつナイフで乗せていただきます。

フォークを右に持ちかえて、そのまますくって食べてもOK。

パイ生地スープはパイをスープに入れながら

まずは、カップを覆っているパイの中央にスプーンで穴を開けて。次に、パイを手前からスープの中に落としながら、スープと一緒にスプーンですくっていただきます。

メロンは皮と身の間にナイフを入れて

フォークで押さえながら、左端を残してナイフを右から左へ滑らせます。

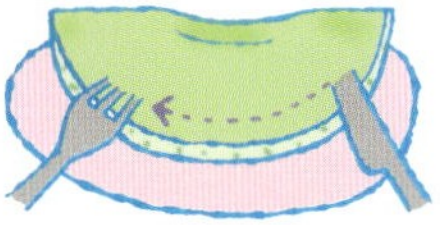

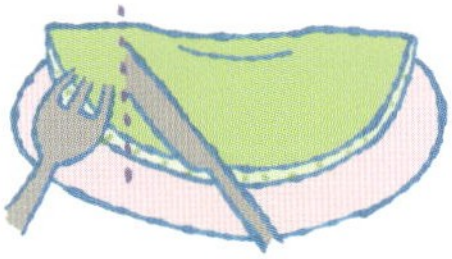

左右置きかえて、同様にナイフを入れて皮と身を離し、左から切り分けながらいただきます。

中 中華

茶葉入り中国茶は蓋をずらして

お茶の葉がたくさん浮いている中国茶は、葉が出てこないように、蓋を少しだけずらして。ずらしたところに口を当て、すきまから少しずつ いただきます。

中華の殻つきエビは、手でむいて

殻つきエビも、中国料理では手を使って殻をむいてかまいません。殻をむいたら、箸を使って一口分ずついただきます。

北京ダックは具を包んで

包餅という皮で、焼いたアヒルの皮を野菜、みそと一緒に包んでいただきます。箸でなく、手で包むのが一般的。

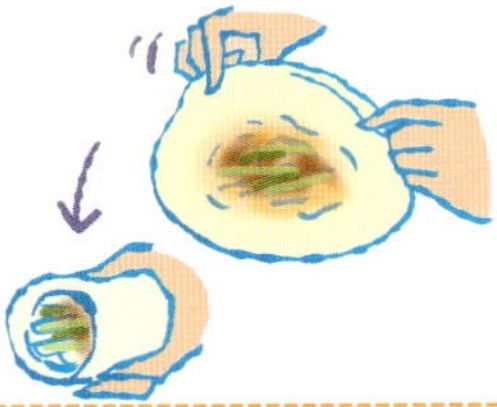

カニの爪は箸で割りながら

左手で爪の部分を押さえながら箸で割り、小分けにしていただきます。手で押さえるときは、紙ナプキンや懐紙を巻いて持つとスマート。

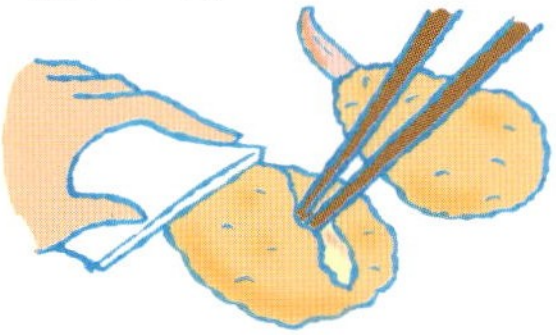

advice 丼を持って食べるのはかまいませんが、お重はNG。丼も口をつけてかきこむのは美しくありません。

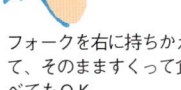

お酒の上級マナー

百薬の長などともいいますが、ほどほどのお酒は身体にいいだけでなく、いい人間関係をつくる妙薬。コミュニケーションを深める大人の飲み方を…。

ビール

ゆるやかに、勢いよく、そして静かに

泡と液体が3：7の割合で注げれば、ビール上級者。最初はゆるやかに、次第に勢いよく、そしてきれいに泡が出てきたら、ゆっくり注ぎ終えます。

泡を押しのけて、液体を一気に

泡を上唇で押しのけて、液体をぐぐっとのどで飲むのが、もっともおいしい飲み方。

"とりあえずビール"はやめる！

オーダーの常套句「とりあえず、ビール」はやめたいもの。「ビールお願いします」が好印象。

ビールもいろいろ…

最近は世界中のいろいろなビールが、手軽に飲めるようになりました。あれこれ試して、自分の好きなタイプを見つけてみるのもいいでしょう。

[エール]イギリス系の代表的なビール。華やかな香気が特徴で、室温で飲むのが一般的。

[スタウト]エールをつくる麦芽を焦がして黒く仕上げたビール。苦みの強いビター・スタウトの代表はギネス。

[ピルスナー]ドイツ系の代表的なビール。すっきり味の黄金色のビール。日本や世界の大部分がこれ。

[ヴァイツェン]ベルギーなどの小麦を原料としたビール。泡立ちがきめ細かく、酸味が特徴。

ギトギト油はさっと押さえて

油っこい物は、ビールとの相性も抜群。でも油でギトギトの唇では、いい女も台無し。また、グラスについた油分はビールの泡を消してしまいます。唇をナプキンでさっと押さえておくこと。

ワイン

（フランスワインの例）

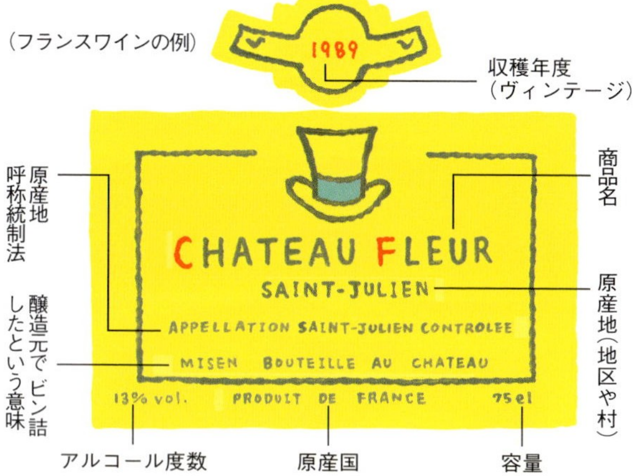

ラベルの見方

ラベルを見ると、そのワインがいつ、どこでつくられたか、格付けはどうかなどの情報を知ることができます。

色、香り、味を楽しんで

色、香り、味わいをじっくり楽しみたいもの。注がれたら、色を楽しみながら、軽くグラスを回してワインを空気にふれさせ、口にする前に香りを味わって。

ラベルでわかるワインの格付け

[AOC]有名銘醸地のワイン。ラベルには「Appellation 原産地名 Controlee」と表記。

[VDQS]知名度の高い地酒のようなもの。ラベルには「原産地名Vin Delimites de Qualite Superieure」と表記。

[Vin de Pays]地名表示が認められている一般ワイン。

[Vin de Table]日常消費用の原産地無記名ワイン。

Point

お酒の種類がいろいろなら、飲み方もいろいろ。ただし、飲みすぎずほどほどに、そして、おいしく楽しく飲むことは、どんなお酒も共通のマナーです。

カクテル

ショートとロングは飲み方が違う

ショートは、ほとんどが氷を入れずにカクテルグラスに注がれるため、冷たいうちに飲みきってしまうのがおいしい飲み方。

オーダーのポイントは？

何を飲んだらいいかわからなければ、バーテンダーにおすすめのものをつくってもらいましょう。さっぱりしたタイプから始めるのがベター。

ストローがついたカクテルは？

1本で飲みます。フローズン系のカクテルに2本つくことが多いのはストローに氷が詰まることがあるため。

細いストローがついていたら、マドラーがわりのストローです。

おつまみはなくてもいい

食前、食後のお酒なので、おつまみはなくてもかまいません。

日本酒

選ぶポイントは？

ポイントは、味と香り。日本酒度の数字がひとつの目安に。これは、＋5以上が辛口で、数字が小さくなるほど甘口に。

- 【大吟醸酒】 50％以上を精米。さらりとしたフルーティーな酒。
- 【吟醸酒】 40％以上を精米。爽やかで飲みやすい。フルーティー。
- 【純米酒】 30％以上を精米。米だけでつくった酒。やや濃厚な日本酒らしい味わい。
- 【本醸造酒】 30％以上を精米。米に醸造用アルコールを添加してつくる。のどごしがよく飲みやすい。

水を飲みながら飲んでみる

悪酔い防止には、チェイサーがわりの水を用意して。舌が洗われ、お酒の味わいもよりわかりやすいかも。

主菜　前菜

料理との相性も大切

食中酒の日本酒は、料理と一緒に楽しみたいもの。前菜には爽やかな吟醸、大吟醸を合わせ、主菜に純米など変えてみるのも上級。

焼酎もいろいろ

米・麦のほか多種類の芋焼酎に泡盛、黒糖焼酎なども人気。日本酒が食中酒なら、こちらは食後酒。食事の後に、ゆっくり語らいながら飲みたいもの。ロックに水割り、お湯割り、割り水を温めた燗もおすすめ。

ここで差がつく one rank up manner［ワンランクアップマナー］

●シャンパーニュも料理と合わせて

食前酒にシャンパーニュを飲むのもおしゃれ。どんな料理とも相性のいいお酒です。

ドゥミ・セック（甘口）はデザートやフルーツに。

セック（辛口）はオールマイティー。

ブリュット（超辛口）はキャビアや魚介に。

advice お店に頼めば、自分が飲んだワインのラベルをもらって帰ることもできます。

お茶の心得を生かしたテーブルマナー

日本料理のテーブルマナーは、茶道の作法がベースになっていることがほとんど。茶道の基本の心得を知っていれば、ふるまいも自然に優雅に。

思いやり・気遣いがマナー

食事の席で指輪や時計ははずす

茶器を傷つけないようにとの気遣いから、お茶席では指輪などをはずすのが作法。食事の場合も、大事な器などを傷つけないように大きな指輪やアクセサリー、時計ははずしておきましょう。

入退室の仕方

ふすま・障子の開閉は、第一印象につながるので静かに美しく。座って行うのが正式です →85ページ が、立ったまま開閉するときでも丁寧に。両手指をそろえて、片手で引き手、もう一方でそれよりちょっと下の枠縁を押すように。

「お先に」のひと言で周囲へ気配り

料理や茶菓に手をつけるときなど、まだの人がいれば、軽く「お先に」と声をかけて。席を立つとき、何かしてもらったときなど「失礼します」「ありがとうございます」など、ひと言を忘れずに。

畳のへり・敷居は踏まない

畳のへりや敷居は踏まないというのが、和室のマナー。敷居を踏むのは、「その家の家長の頭」を踏みつけるのと同じという昔ながらの教えもあります。

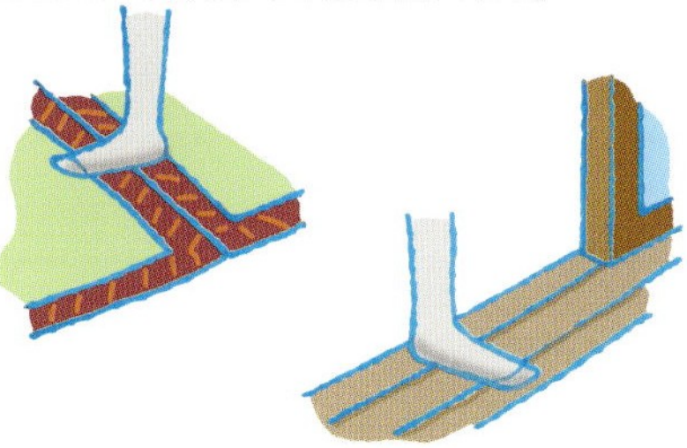

懐紙の使い方いろいろ

菓子を器から取っていただくときなど、お茶席に欠かせない懐紙。和食はもちろん、ふだんの食事でも生かしたいもの。

汁がたれそうな物、落ちそうな物をいただくときの受け皿に。

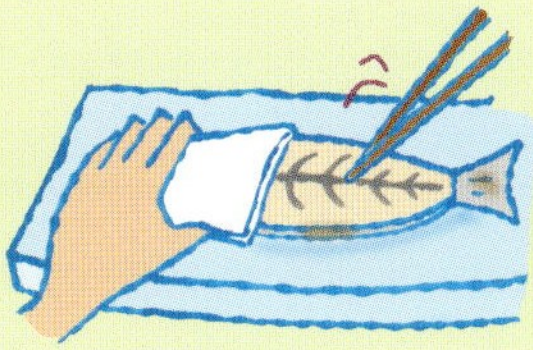

食べにくい焼魚を押さえるときは、懐紙の上から。

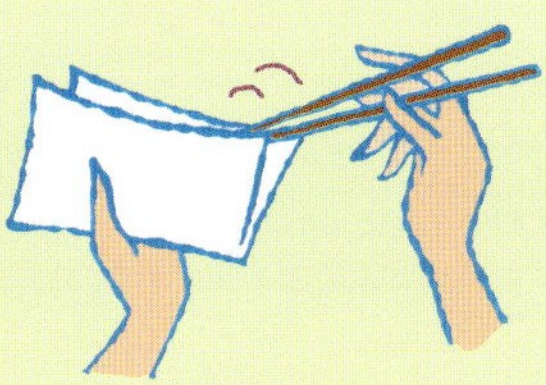

口、指先、箸先についた脂分や汚れを、さっと押さえて落とす。

魚の骨や皮、エビの尻尾など、食べ残しをさりげなく隠して。

口に入った魚の小骨を取るとき、爪楊枝を使うときなど、口元をそっと隠して。

Point

茶道は形にうるさそうですが、底にあるのは思いやりの心。それが物を大事に扱う丁寧さや、人に不快感を与えない美しい所作やふるまいに表れたもの。

作法をふまえたいただき方

箸置きがないとき

箸置きがあるときは、箸先一寸（3cm）が箸置きに触れないように、箸置きから出すように置くこと。箸置きがない場合は、箸袋で代用を。

折敷の端に

折敷で出されて、箸置きも箸袋もないときには、箸先を折敷から出して置く。

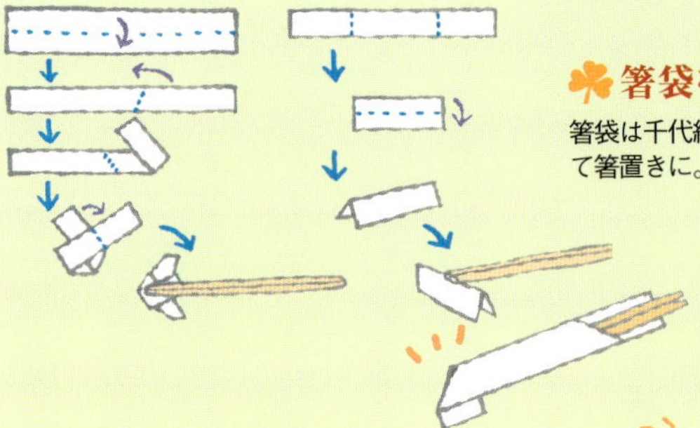

箸袋を使う

箸袋は千代結びや山型に折って箸置きに。

食事が終わったら

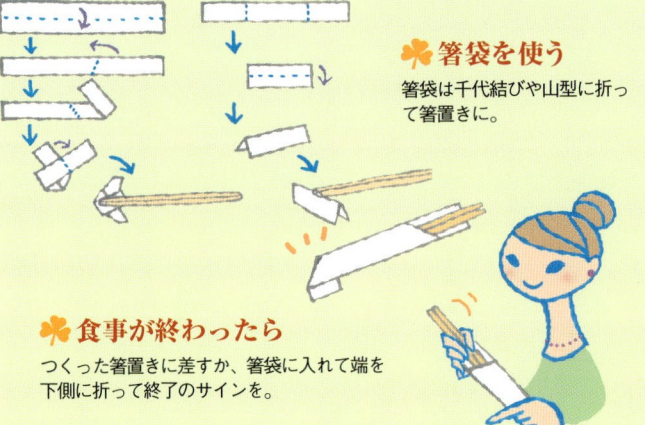

つくった箸置きに差すか、箸袋に入れて端を下側に折って終了のサインを。

器もよく味わって

器を丁寧に扱うのは当然ですが、日本料理では、季節感を大切にした器や盛りつけも味わいたいもの。じろじろ見る必要はありませんが、出されたらすぐ手をつけず、全体をちょっと鑑賞する余裕を。

袖落としを使う

懐石で使う残菜入れ「袖落とし」は、着物のたもとに入れておく、いわばゴミ袋。食べ残しや箸をつけていない物、魚の骨などの残菜を持ち帰るときに使います。

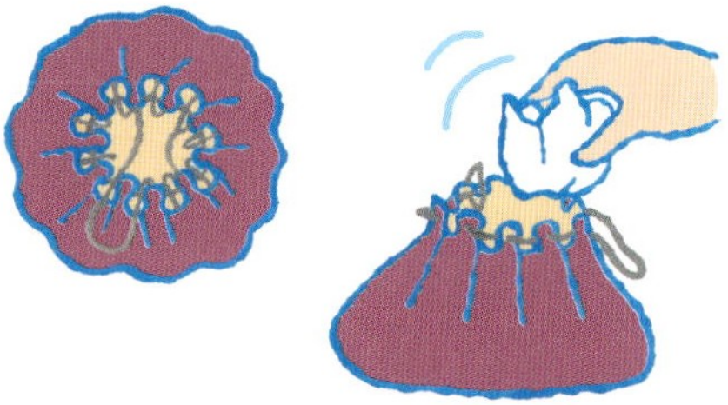

セレブのPoint Lesson

Q コーヒーや紅茶、お茶の美しい飲み方は？

A コーヒーや紅茶を混ぜるときは、音を立てないように。持ち手を右手で持っていただきます。テーブルから遠いソファでは、ソーサーを手で持って。

日本茶は、蓋つきの場合は、露切り↓33ページをしてから蓋をはずして。右手で茶碗を持ち、左手を底に添えていただきます。どちらも指先をそろえて。

お菓子→お茶の順序でいただく

お茶が一緒に出されたら、まずお菓子からいただきます。

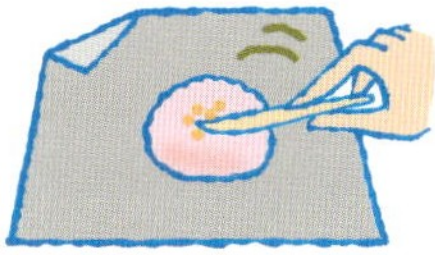

生菓子は、黒文字（太めの楊枝）で、中心から切り口が自分のほうに向くように、手前に切り分けて。

干菓子は手でつまんでいただきます。

宿泊先でのマナー

つい気をゆるめてしまうことも多い旅行先。ホテルや旅館での宿泊のとき、電車や飛行機などに乗るとき、公共の場ということを常に意識して。

ホテル・旅館で

ホテルの食事はきちんとした服装で

ホテルでは、食事はきちんとした服装で。特に、タンクトップや短パン、サンダルばきなどはやめること。

布団はきちんとたたまない

寝て起きた布団やベッドは、そのままにしておくもの。ただ、乱れていて恥ずかしいというなら、見苦しくない程度に、軽く乱れだけ直しておくといいでしょう。

予約を取っておく

大人の女性なら、情報収集をしっかりして、素敵な宿での滞在を楽しみたいもの。到着が遅くなるとき、キャンセルのときは、早めに連絡を。

ドアの開閉や大声などに注意

ドアの開閉音や深夜のバスルームの使用など物音には特に気をつけて。また、廊下での大声なども迷惑です。

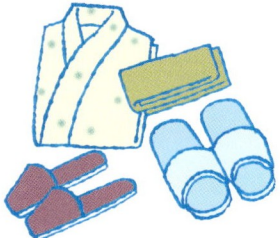

ホテルでは浴衣・スリッパで歩き回らない

旅館では館内は浴衣・スリッパでもOKですが、ホテルでは原則として部屋の中だけ。浴衣姿でウロウロしていると思わぬ恥をかくことになるので要注意。

ぽち袋があれば、チップもスマート

旅館で仲居さんに世話をしてもらったら、チップを渡して。ぽち袋を用意して入れておくと、渡しやすく丁寧な印象も。客一人につき千円が目安。

セレブのPoint Lesson

Q タクシーをスマートに停める方法は?

A むやみに手をふって、結局、客が乗車中で素通り…の繰り返しは、傍目にもよくありません。空車を確認してから、ドライバーを見て軽く手を挙げれば、混雑していない限り、十分見えているはず。

部屋をかえてほしいとき

希望していた部屋とタイプが違うとき、タバコの臭いが気になるなど問題があるときには、遠慮せずに申し出てみましょう。

Point

人が集まる公共の場所では、マナーを守ることが特に大切。お互いがほんの少しずつ気を遣うだけで、皆が気持ちよく、快適にすごせるのですから。

温泉で

お湯の中で裸のおつきあい

袖触れ合うも…などといいますが、袖どころか裸同士で同じ湯につかるのも、他生の縁。黙々とお湯につかっているより「いいお湯ですね」と声をかけてみて。会話がはずんで、楽しいリラックスタイムに。

湯の中にタオルを持ちこまない

タオルを湯の中に持ちこまないのは、温泉利用の際の常識。旅行番組の入浴シーンで、タオルを巻いて入るのは、あくまでも撮影のためです。

シャワーは座って

立ったままでシャワーを浴びると、周囲の人に水しぶきがかかって、迷惑します。座って、なるべく身体の近くからかけるように。方向違いのほうを向いたりしないようにも気をつけて。

桶やイスは自分の物ではない

洗い桶もイスも使っていないときは、他の人が使う物。使っていないのに、自分の物のようにタオルや私物を置いてキープしておくのはＮＧ。使い終わったら、さっとお湯で流してから、元の場所へ。

電車・飛行機で

飲んでも周囲への気遣いを

出張やバカンスのときは、新幹線や飛行機の中などで、軽く一杯やりたくなることも。飲んでもかまいませんが、公共の場なのでほどほどに。大声で話したり、気分が悪くなったりして周囲へ迷惑をかけないこと。

リクライニングを倒すときは、ひと言断りを

倒せるシートなので倒すのはＯＫですが、突然前のシートが倒れたら、後ろの人は迷惑。「倒してよろしいですか」などと、ひと言断ってからにしたいもの。

携帯電話に注意

電車ならマナーモード、飛行機なら電源をオフに。これだけ携帯が普及した昨今、最低限のマナーも守れないようでは、大人の女性としては恥ずべき。

気をつけて！ *NG manner*

電車のＮＧマナー

●後ろ姿に気をつけて

混んでいる電車の中では、自分の後ろにもっと注意を。リュック・サックで後ろの人をぐいぐい押している人、ポニーテールが人の顔をくすぐっている人、傘を水平に持っていまにも後ろの人を刺しそうな人…自分は気づかなくても、後ろの人は大迷惑！

●飲食やメークは最悪

いくら忙しくて食べる時間やメークの時間がなくても、通勤電車の中での飲食、メークはタブー。どちらも、人前で堂々とすることではありません。

advice 電車の中で本を読むときも、背筋はまっすぐに。首を曲げず目を落とす程度で、本は両手で持ちます。

column 2 セレブスタイル流 シャンパーニュの楽しみ方

シャンパーニュのマナーは "味"を知ること

エレガントな女性は、シャンパーニュをスマートに楽しむことができるもの。シャンパーニュは「シャンパン」とも呼ばれていますが、ワインは産地名で呼ぶのが正式なので、正しくは「シャンパーニュ」。

シャンパーニュをスマートに飲むのに何よりも大切なのは、ルールや知識でなく、味、特に自分の好きな味を知ることです。それには、まず、いろいろ飲んでみること。これにまさる方法はありません。味がわかってくると、飲み方、マリアージュ（料理との相性）、使い方などもわかってきます。

コルクを回しながらゆっくり抜くのが、シャンパーニュの正しい開け方。このときのシューッという音を"淑女のため息"と呼びます。

シャンパーニュのミニ知識

醸造法を知る

[ブドウの収穫]

[圧搾]

[1次発酵] ブドウからワインへ。

[アッセンブラージュ(調合)]
30〜50種の原酒を独自のイメージで調合。

[瓶詰め] 酵母と砂糖を添加。

[2次発酵] この発酵中に炭酸ガスが生まれ、アロマが熟成される。

[熟成] 最低15か月、
ヴィンテージ3〜5年、特級5〜7年。

[澱抜き]

[リキュール添加]

[打栓・ラベル貼り] 完成。

シャンパーニュは、ワインに炭酸を加えてつくると思っている人も少なくないようです。炭酸ガスは、ワインの発酵過程で、糖が分解されて自然に生まれるものなので、誤解のないように。

種類（格付け）を知る

●プレスティージュ● 各ブランドの最高級品。厳選したブドウで、熟成期間も長く、深い味わい。

●ヴィンテージ● 優れた収穫年のブドウによる年号入りのもの。毎年つくられるわけではないので、量が少なく価格も高い。

●ノン・ヴィンテージ● 各ブランドのスタンダードなもの。白ブドウと黒ブドウ7：3のアッセンブラージュが基本。また、白ブドウ（シャルドネ）100%のブランドブラン、黒ブドウのみのブランドノワール、赤ワインをブレンド、または果皮も一緒に発酵させたロゼなどがある。

楽しみ方もいろいろ

シャンパーニュは乾杯だけでなく、食前、食中、食後と通して楽しめるお酒。アペリティフならブランドブラン、肉料理ならブランドノワール…などと料理に合わせて楽しんで。
クリスマスやバレンタイン、バースデーなどのプレゼントに、またホームパーティーでのお酒にもぴったり。

Part 2

大人の女性の会話術

- あいさつの基本
- いろいろな場面でのあいさつ
- マスターしたいポジティブ表現
- 「聞き上手」になるためのテクニック
- 気のきいた会話のための話題づくり
- 知性を感じさせる話し方
- 自分を印象づける話し方
- 男性と接するときの話し方
- 女性と接するときの話し方
- トラブルを回避する話し方

あいさつの基本

あいさつは人間関係の潤滑油。朝いちばんに、一日の終わりに、そしてちょっとしたときに、明るく爽やかなあいさつが心を和ませ、人の和をつくります。

日常のあいさつ

「おはようございます」

自分から先に、明るく

おはよう
ございます

［プラスひと言］

「早くからご精が出ますね」"おはよう"は元々、この意味をこめたあいさつ。

「昨日はお疲れ様でした」特に大変だった日、何かあった日の翌日に、ねぎらいをこめて。

「気持ちのいい日になりましたね」お天気は誰が相手でも使える万能のあいさつ。

「こんにちは」「こんばんは」

感じのいい笑顔が決め手

もっとも一般的なあいさつだけに、好印象の秘訣は、感じのいい笑顔。時々鏡の前で、疲れ気味でないか、不自然になっていないか笑顔チェックも。

こんにちは

［プラスひと言］

「お元気そうですね」体調を尋ねたり、気遣ったり…はプラスひと言の基本。

「お忙しそうですね」"大変ですね" "お疲れ様" などのねぎらいをこめて。

「先日はありがとうございました」お世話になったお礼など感謝の気持ちをあらためて伝えるのも丁寧。

「行ってまいります」「行ってらっしゃい」

はっきりと声かけを

親しい間柄でも、はっきり声をかけ合って。あいさつは目を見て…が基本。

行ってまいります
行ってらっしゃい

［プラスひと言］

「帰りは遅くなるから」家人が心配しないように、帰宅の予定を伝える気遣いも。

「後はよろしくお願いします」職場で。外出中、世話をかけることもあるので。

「気をつけて」送り出す側の決まり文句。心がこもっていないとかえって逆効果なので要注意。

「ただいま（戻りました）」「お帰りなさい」

やさしい気持ちで

家や職場に戻った安心感、無事に仕事などを終えた相手へのいたわりをこめたやさしい気持ちで。

「いただきます」「ごちそう様でした」

感謝の気持ちをこめて

ご飯を食べられる幸せ、料理をつくってくれた人への感謝をこめて。

Point

ふだんのあいさつは、明るい声と爽やかな笑顔で心をこめて。相手の目を見て、気遣いのひと言を加えたあいさつが、好印象のポイント。

また近いうちに

時候のあいさつ

天気は万国共通のあいさつ

日常のあいさつにプラスすれば、
会話のきっかけに。

こんにちは。
よいお天気ですね

「いいお天気ですね」
「よく晴れましたね」
「あいにくの曇り空ですね」
「いまにも降ってきそうな空模様ですね」
「ひと雨きそうですね」
「雨で足元が悪いですから、お気をつけて」
「夜からは雪になるらしいですね」
「週末には台風が接近するようですね」

季節感のあるあいさつで気持ちよく

暑い日が続きますね

さりげない季節のあいさつが、心を豊かに、
気持ちにもゆとりを与えてくれます。

「すっかり春めいてきましたね」
「ずいぶん暖かくなってきましたね」
「緑が爽やかで気持ちいいですね」
「暑い日が続きますので、お身体気をつけて」
「爽やかで過ごしやすくなりましたね」
「朝晩冷えてきましたね」
「日が短くなりましたね」
「風邪が流行っていますが、大丈夫ですか」

別れのあいさつ

友人・知人に

気をつけてね
さようなら

「じゃあ、また」
「また近いうちに…」
「また会いましょう」
「気をつけて」
「お大事にね」
「あまり無理しないで」
「今日はありがとう」
「今日はとても楽しかった」
「ご主人によろしく」

職場・仕事関係

明日も頑張りましょう
お疲れ様でした

「お疲れ様でした」
「お世話様でした」
「今日は大変でしたね」
「また明日も頑張りましょう」
「風邪をひかないようにね」
「○○様によろしく
お伝えください」
「今日はお待たせして
申し訳ありませんでした」

あらたまった場合

ごめんくださいませ

「ごきげんよう」
「お会いできて
楽しゅうございました」
「そろそろ失礼いたします」
「おいとまいたします」
「気をつけて
お帰りくださいませ」
「お身体大事になさってください」
「ごめんくださいませ」

advice 言葉と行動は一緒にしないこと。「①目を見て→②あいさつ→③おじぎ→④目を見る」を心がけましょう。

いろいろな場面でのあいさつ

きちんとあいさつしたつもりでも、誤解を与えてしまうことも…。
言い方ひとつで、印象はまるで違ってきます。心が伝わるあいさつをマスターして。

お礼

より丁寧に
「何とお礼を申し上げたらいいか…」
「心からお礼申し上げます」
「恐れ入ります」
「恐縮でございます」

お世話になって
「おかげ様で……できました」
「本当に助かりました」
「大変お世話になりました」
「ご面倒をおかけいたしました」

何かいただいて
「うれしい！」
「素敵！」
「本当に感激です」
「とても
気に入りました」
「大切にします」

うれしい!

「ありがとう」の言い方

感謝の言葉は、言うタイミングが決め手です。何かをもらったり、お世話になったら、その場ですぐにお礼を。

「ありがとうございます」
「まことにありがとうございます」
「ありがとう存じます」
「～を（してくださり）
ありがとうございました」

ありがとう存じます

お詫び

恐縮している気持ちを表して
「いたらないところが多すぎて…」
「こちらの不手際で…」
「お恥ずかしい限りでございます」
「どうぞご容赦ください」
「そこまで気がまわりませんでした」

反省の気持ちを表して
「これからは気をつけます」
「深く反省いたしております」
「今後このようなことが
ないように
十分注意いたします」

深く反省しております

上手なお詫びの仕方

まずは、はっきりと謝罪の言葉を。説明はその後で、簡潔に。恥じ入っている気持ちを表して、態度はいつもより小さめに。

申し訳ありませんでした

「ごめんなさい」
「すみません」（プライベートのみ）
「申し訳ありません（ございません）」
「大変失礼いたしました」
「お詫びの申し上げようも
ございません」

Point

伝えたい気持ちが心にないと、あいさつはただの言葉。心をこめて、気遣いのちょっとひと言を添えれば、好印象のあいさつに。

大切にします
Thank You!

お断り

断りの言い出し

「申し訳ありませんが」「せっかく……いただいたのに」
「とても残念なのですが…」「本当にありがたいお話なのですが…」

理由

・食事などの誘い

「あいにくその日は都合が悪くて…」
「どうしても外せない用事がありまして」

・手伝いや特別な用事を頼まれて

「私の手には負えそうもありませんので…」
「かえってご迷惑をおかけすることに
なりそうですので」

・借金などの申し出

「いま持ち合わせがないので…」「この頃、物入りが続いて」

あいにくその日は…

カドの立たない断り方

まず「申し訳ありませんが」「せっかくですが」と、お詫びや残念な気持ちを伝える言葉でワンクッション置いてから断るのがポイント。

申し訳ありません。
来週ではいかがですか？

謙遜

「よくやった」と努力・成果を評価されて

「ありがとうございます。皆様のおかげです」
「私一人の力ではございませんから」

ほめられて

「とんでもないことです」「そのようなお言葉を
頂戴しては、こちらが恐縮してしまいます」
「もっと上手な方はたくさんいらっしゃいますので…」
「ありがとうございます。
でも、運がよかっただけですから」
「そのように過大評価をされては
恥ずかしくなりますので」

とんでもない
ことです

白々しくない謙遜の仕方

謙虚なひと言が、その成果や才能の評価をより高めます。「おかげ様で」という気持ちを忘れず、有頂天な態度、誇らしげな話し方に注意。

皆様のおかげです

気をつけて！ *NG manner*

●「どうも」はあいさつではない

顔を合わせれば「どうも」、ミスして「どうも」、何かしてもらって「どうも」…　これでは「こんにちは」なのか「すみません」なのか「ありがとう」なのか、状況から「どうも」何なのか理解はできても、気持ちは伝わりません。コミュニケーションの省エネは、マナー不足に。

どうも

→「すみません」

どうも

→「ありがとう」

どうも

→「こんにちは」

advice 「とんでもない」は「意外な」の意。「とんでもないこと」が正しい言い回し。「とんでもありません」は間違いです。

マスターしたいポジティブ表現

同じことでも、ちょっとした言い回しの違いで、相手の受け取り方が違ってきます。好印象を与えるポジティブな表現は、話し手も、明るく前向きに見せます。

好感度アップの言いかえ術

ネガティブ→ポジティブに

「要りません」→「もう十分ですので」

ただし、しつこい訪問販売なら「要りません」と、ピシャッと言ったほうがいいことも。

「変わったお名前ですね」→「珍しいお名前ですね」

「変わった」はあまりいい意味では使われない言い方なので注意。

「もっと大きい声でお願いします」→「電話が遠いようですので…」

「大きい声で…」というと、相手を非難していることにも。婉曲的にお願いすること。

「できません」→「あいにくいたしかねます」

否定形で断定されると、取りつくしまがない感じ。上のように言えば、ソフトに聞こえて好印象。

「わかりません」→「いまはわかりかねます」

「二度と聞くか！」と反感を買うので気をつけて。「お役に立てず申し訳ありません」も○。

入れかえテクニック

肯定＋否定→否定＋肯定

「あなたって社交的でうらやましい。ちょっと口数が多いけど」→「あなたってちょっとおしゃべりよ。でも社交的でうらやましいわ」

「短時間でよくやったわね。いくつかミスはあるけれど」→「いくつかミスはあるけれど、短時間でよくやったわね」

一文字入れかえ、削除で

「それでいいわ」→「それがいいわ」
「料理は上手ね」→「料理も上手ね」
「買ってきてあげる」→「買ってくるわ」
「わりと素敵ね」→「素敵ね」

ここで差がつく one rank up manner［ワンランクアップマナー］

●言いにくいことはソフトに

何か頼みたいとき、質問の形でやんわりとお願いします。また、言いにくいことも、断定的な言い方を避け、質問の形にするとカドが立たないことも。

「待ってください」→「お待ちいただけますか？」
「これやっておいて」→「これやってもらえる？」「お願いしていい？」
「あの本返して」→「あの本もう読み終わった？」「あなたのところへ行ってる？」
「これ違うわよ」→「違ってるみたいだけど、勘違いかしら？」

Point

断定的で高圧的な言い回し、取りつくしまのない冷たい言葉も、ちょっと表現を変えれば、好印象に。相手の立場になって言葉を選ぶことが大切。

ログセをストップ！

気づかないうちに相手を不快に

あいまいな表現に流行りの言葉やアクセント… いつのまにか身についてしまった話し方のクセ。相手を不快な気分にするような話し方に、要注意。

Stop!
なんか彼が夏休みは
南の島とか行きたいんだって。
っていうかワタシ的には
お金ないなーみたいな
えー、すっごい
うらやましー

不要な言葉…なくても意味は変わりません。

「〜とか」	「課長とかが残業とかしているから帰れなくて…」
「〜のほう」	「書類のほうお届けにまいりました」
「なんか」	「なんかよくわからないんだけど」「なんか寒い」
「っていうか」	「っていうか疲れてるんじゃない？」
「みたいな」	「バカンスみたいなの行きたい」
「…的に」	「ワタシ的にはいいと思うけど」
「っ」	「すっごい」「きったな〜い」「ひっどい」

書類のほうお届けに
まいりました

使いこなしたい決まり文句

堅い言葉もさりげなく

ちょっと堅い表現やあらたまった言い回しなど、自然にさらりと使えると、周囲の見る目も変わること間違いなし。

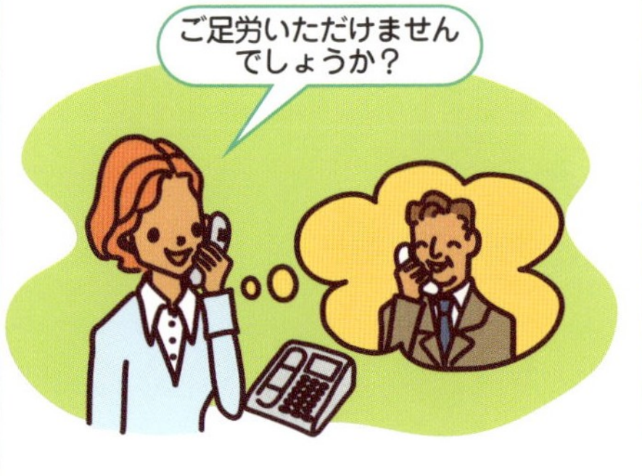
ご足労いただけません
でしょうか？

「恐れ入ります」
「どうも」や「すみません」のかわりに。ややあらたまった感じで言いたい。

「心ばかりではございますが」
「つまらない物ですが」よりも、ずっと前向き。

「無理を承知でお願いするのですが」
言いにくいお願いも、この言い方なら快諾を得られることも。

「承知いたしました」
「わかりました」より丁寧で、奥ゆかしい印象。

「ご足労いただけませんでしょうか？」
「来ていただけませんでしょうか」よりずっと恐縮している感じに。

無理を承知で
お願いするのですが
承知いたしました

気をつけて！ NG manner

●トレンド言葉にご用心

言葉は時代とともに変わる…とは言うものの、流行りの言葉や言い回しを使うときは慎重に。特に職場など公的な場では避けたほうが賢明です。

何でも食べれます

「よろしかったですか」→「よろしいですか」

「(もう飽きた)って感じ」→「(もう飽きた) 気がする」

「食べれる」→「食べられる」

「おられますか」→「いらっしゃいますか」

advice 「超〜」「マジ？」「じゃん」などの若者言葉、「だって」「どうせ」などの言い訳、開き直り言葉もNG。

「聞き上手」になるためのテクニック

話が面白いおしゃべり上手も魅力ですが、誰からも好かれる会話上手は、気持ちよく話させてくれる人。あなたと話すと楽しいと言われる人は、「聞き上手」なのです。

聞き上手の条件

当意即妙のあいづちを

グッドタイミング!
そうよね

一生懸命話していても相手が無反応では、聞いているのか退屈なのか不安になるもの。面白い、納得、びっくり、がっかり…メリハリのある、タイミングのいいあいづちが入ると、話し手も気分よく話せます。

あいづちのいろいろ

「そうよね」「まさか」
「信じられない」「驚きですね」
「本当？」「さすが」「それで？」
「で、どうしたの？」「どうして？」
「なぜ？」「例えば？」「すごい」
「ひどい」「素敵！」

話の腰を折らない

いくら相手の話に興味をそそられても、「それって○○○でしょ」などと口をはさんで、自分が話の主導権を握ったりすることのないように。とりあえず、話は最後まで聞くように。

それって

コメントは的確に簡潔に

相手も話す一方ではなく、同意や意見を聞きたいことも。求められたら、的確な意見を簡潔に伝えて。話し手以上に知っていることでも「なんだ知ってたの」とがっかりさせるようでは、聞き上手とは言えません。

ペラ
ペラ
なんだ
知ってたの
ガッカリ

表情豊かに

愉快な話には思いきり笑い、信じられない話に驚き、腹の立つ話に憤り、深刻な話に心配そうな顔をして。それには、相手の話に興味を持って耳を傾けること。

bikkuri!
egao
okotta
shinpai

相手の目を見て

話を聞いているときは、相手の目を見て。ずっと目を伏せていたり、キョロキョロいろいろなところを見るのは、話に興味がないという印象を与えて、相手に失礼。

相手の言葉を繰り返す

話に興味をそそられていることを表すのに、相手が言ったことを繰り返して、確認するという方法があります。「この前、バリ島に行ったの」「え？　バリに行ったの？」これで、相手はその話を続けやすくなるものです。

ランチ、イタリアンか
いいわね
今日のランチ
イタリアンはどう？

Point

ちゃんと話を聞いていないと、聞き上手にはなれません。いくら聞くふりをしても、すぐにわかるもの。まずは、相手の話に興味を持つこと。そして、しっかりと耳を傾けることです。

聞き上手度チェックポイント

あなたは会話美人？

後から考えても内容が思い出せなかったり、相手が途中でトーンダウンしてしまったり…。それは、聞き手であるあなたに、問題があるのかもしれません。あなたといると楽しいと思われる女性になるためには、まずは聞き手としての自分を知ることから。

チェックが3個以下

まさに聞き上手

人の話にちゃんと耳を傾けることができる人です。絶妙なあいづちの打ち方を練習して、ますます腕をみがきましょう。

チェックが4〜7個

もう少しで聞き上手

時々つい他のことを考えたり、気分が乗らなかったりすることも。話し手が不快な気分にならないように注意。

チェックが8個以上

まだまだ聞き下手

聞くよりも話すほうが得意な人。「私が、私が…」では、ちゃんと聞いてくれる人もいなくなってしまいます。人の話も興味を持って聞くよう心がけましょう。

- □うわの空であいづちを打っていることがよくある
- □相手の間違いは、その場ですぐに指摘する
- □人から恋の悩みを相談されることなどない
- □「聞いてる？」と聞かれることがよくある

- □人の目を正視できない
- □話を聞いているとき、腕組みをしたり、あくびをしたり、ほおづえをついたりすることがある
- □興味のない話は聞く気がしない

- □話すとき「私が」が多い
- □自己主張が強いとよく言われる
- □ボーッとして電車やバスを乗り越すことがよくある

セレブのPoint Lesson

Q あいづちを打ちにくいときの対処法は？

A 自慢話や愚痴など、あいづちを打つ気も起こらない話もあります。こんなときは、つまらないんだな、ということをさりげなく気づかせましょう。

話を切り上げるテクニック

1. 気のないあいづちを打ってみる
2. 「そういえば…」と、話題を変える
3. 理由を言って「その話は今度ゆっくり聞かせてもらうわ」と切り上げる

advice 聞き上手のコツは、「聞く」より「聴く」こと。"耳"と"心"を傾けて、相手の話を「聴く」ことです。

気のきいた会話のための話題づくり

仲間うちで、職場で、パーティーで……話し上手な人は、どこでも集まりの中心。
日頃からアンテナを張りめぐらし、話題を豊富にしておくことが、会話上手への近道。

話題が豊富と言われるために

新聞・TVは必須の情報源

新聞をすみからすみまで読んでみるだけでも、大変な情報量です。また最新のニュースなら、TVやインターネットのチェックも不可欠。膨大な情報から、気になったネタを取捨選択しておきます。

マニアックな話題も使いよう

これなら誰にも負けない、非常に興味があるという専門分野があるというのも強み。ただし、マニアックな話題を持ち出すときは場の空気を読むこと。興味がなさそうなら早めに切り上げないと、オタクの烙印が。

雑誌でファッション・トレンドを

ファッションの話題は、女性同士の共通語のようなもの。トレンド情報は必ずチェックして、自分のファッション・プランにも役立てて。その日のファッションは、話題の糸口になりやすいものです。

通勤途中もネタの宝庫

駅までの道で、電車の中で、会社までの道で。通勤途中には、話のネタがいっぱい。街路樹や季節の植物、新しい建物、広告、人……とりわけ、街中で見かける人やできごとの中には、上質のネタが落ちていることも少なくありません。

話題の映画や本は内容だけでもチェック

話題になっている映画や本は、要チェック。全部見たり読んだりできなくても、どんな話か内容だけでも確認しておくと、会話についていけないということはありません。

面白く伝えるテクニック

楽しい話は楽しい顔で

楽しい話は楽しく、怖い話は怖い顔で……感情のこもった話に、聞き手はつい引きこまれるもの。まずは表情の豊かさで話を盛り上げて。

身ぶり手ぶり、ときには物真似も

興が乗ってきたら、身ぶり手ぶりも交えて、少々オーバーなくらいの演出もいいでしょう。ときには、物真似など織りこむのも効果的。ただし、慣れない人がするとぎこちなくなるので、練習してから。

Point

話題づくりのポイントは情報収集。広くアンテナを張って、たくさんの情報を集めること、それを自分流に取捨選択することが大切。

こんなときは、こんな話題で

友人との集まり・デート

自然に盛り上がるのが気の置けない間柄のいいところ。できれば、前向きで、新鮮な話題を。

「フラダンスを習い始めたの」

「今度のお休み、温泉に行こうと思っているんだけど…」

「次の土曜日に
パーティーやらない？」

「○○ちゃん、
いよいよ結婚ですって」

取引先の人との雑談

まずは、一般的な話題で突破口を開いて。共通の知人の話、相手が話しやすい趣味の話題なども有効。

「ずいぶん春めいてきましたね。花粉が飛ぶから困るという人も多いようですが…」

「御社に○○さんという方がいらっしゃいませんか。実は、高校の先輩なんです」

「昨日のサッカーの試合はご覧になりましたか？」

「健康のために、毎朝ウォーキングをなさっていると伺いましたが…」

職場で

お互いの趣味志向もわかっているので、それぞれに合った話題を。噂話、個人的な話は避けて。

「昨日のゴルフいかがでした？」

「ダイエットしようと思うんだけど、いい方法知らない？」

「いま、○○○を読んでいるけど、すごく面白いわよ」

「年末年始の予定は決まっているの？」

おけいこ・趣味のサークルなど

ライバル意識やプライドなどもからんで人間関係が複雑なことも多く、言葉を選ぶことが大切。

「発表会、今年は5月とか。盛り上がるといいですね」

「今度、○○会の展覧会に招待されているんですけど、一緒にいかがですか」

ビジネスで紹介されたばかりの人と

一般的な話題から相手が乗ってきそうなテーマを探すのが順当。紹介者や会社の話題なども糸口に。

「○○さんには、もう2年くらいお世話になっておりますが、趣味が広くて面白い方ですね」

「関西のご出身ですか？　私は父が神戸の出身で…」

「今年の夏休みは、どうされるんですか？」

初対面の人が多いパーティーで

自分から自己紹介をして、会話のきっかけに。出身地や仕事、知人、趣味などで共通の話題があれば、そこから会話を広げるのが自然です。

「若菜沙耶です。どっちが名前かわからないって言われます」

「お仕事は何をされてらっしゃいますか？　私はコンピューター関係の仕事をしていますが…」

「私はこの頃、寝不足で…。ワールドカップが終わるまでは、十分睡眠を取れそうもないですね」

気をつけて！ *NG manner*

●避けたほうがいい話題

下ネタや汚い話など不快になる話題はＮＧ。政治や宗教の話も、公の場では避けるのがマナーです。人の噂話、特に悪口に自分の自慢、それにお金の話も上品ではありません。また、ニュースで話題になっていても、痛ましい話題、暗いニュースは自分から切り出すのは避けたいもの。

知性を感じさせる話し方

知的な女性は、話し方も生き生きとしています。要領がよく、わかりやすくて、多少の苦言も悪印象を残さない…。知性を感じさせる話し方を目指しましょう。

質問する

わからないことを丁寧に聞く

「申し訳ありません。存じませんので…」
「つかぬことをお聞きいたしますが…」
「少々お伺いしますが…」
「…について
お聞きしてもよろしいですか」

唐突に質問せず、「申し訳ありませんが…」などとひと言断ってクッションをおき質問します。

確認する

「…と考えてよろしいでしょうか」
「念のために、
お尋ねしたいのですが…」

相手の話がわかりにくかったとき、勘違いをしているかもしれないと思ったときは確認を。自分が理解したことを述べて、上のように。

話題を広げる

「…か…どちらがいいですか」
「いつ（どんなふうに、
どこで…等々）やってるの」

「何がいい？」「どうですか」などと漠然と聞くよりも、具体的に答えやすく聞くのがコツ。

同意する

理解したことを示す

「はい、よくわかりました」
「はい、承知いたしました」
「了解いたしました」

相手が言った内容、指示などを理解したら、まずそれをはっきり簡潔に伝えること。

自分も同意見であることを示す

「私もそのように存じます」
「その通りだと思います」
「おっしゃる通りでございます」

相手の言うことを理解し、自分も同じ考えであることを伝える言い方。

自分の気持ちを述べる

「とても感激いたしました」
「深く感じ入りました」
「心中お察しいたします」

相手の話に同じ思いを抱いたり、感動したりした場合に、その旨を述べる表現です。相手も気持ちを共有できて、話してよかったと思えます。

Point

謙虚だけれど、言うべきことはきちんと言う……知性を感じさせる人の話し方は、気遣いのひと言、気を悪くさせないフォローが違います。

賛成する

期待をこめて

「そうしましょう」
「素敵！　それじゃあ…」
「それはよろしいですね。では、さっそく…」
「いいわね。ちょうど…したかったところ」

私も
会いたいな
と思ってたの

鼓舞・奨励をこめて

「いいじゃない。頑張ってね」
「それはいい。きっとうまくいくわ」
「素晴らしいですね。成功することを祈っています」

ファイト！

積極的に提案を加えて

「賛成！それなら…も誘おうよ」
「それは結構ですね。せっかくですから…」

せっかくだから

反対する

お詫びを加えてから

「こんなことを言うのは、大変申し訳ないのですが…」
「大変生意気なことを申し上げますが…」
「お言葉を返すようで申し訳ありませんが…」
「お怒りを覚悟で申し上げますが…」

お言葉を
返すようですが…

肯定してから、意見を述べる

「おっしゃることはその通りだと思いますが…」
「確かにその通りではございますが…」
「お気持ちはよくわかるのですが…」
「考え違いかもしれませんが…」

その通りだと
思いますが…

部分的に反対する

「…の件に関しましては、少々違う考えを持っているのですが…」
「申し訳ありませんが、この点につきましては…」
「…については、こうも考えられるのではないでしょうか」

セレブのPoint Lesson

かえる
ぴょこぴょこ
みぴょこぴょこ…
あかまきがみ
あおまきがみ
きまきがみ

Q 発音の仕方で気をつけることは？

A はきはきとした聞き取りやすい話し方を心がけることです。それには、口を大きく開けて、明るくはっきりと。特に「ア」「イ」「ウ」「エ」「オ」の母音をはっきりと発音するのがポイントです↓19ページ。時々、早口言葉の練習をしてみるのもいいでしょう。話すときは、姿勢をよくして、相手を見て。表情も明るく、余分な力を抜いてリラックスすることも大切。

advice 敬語をきちんと使えないと、知的には見えません。特に、尊敬語と謙譲語の使い分けはしっかりと。

自分を印象づける話し方

素敵な女性は、何気ないひと言やしぐさで、自分をさりげなくアピールするのが上手。まずは自分をよく知って、なりたい自分に近づいて。

効果的なひと言

朝いちばんに会ったとき
「おはようございます。気持ちのいい朝ですね」

休暇明けの朝に
「おはようございます。お休み中はありがとうございました」

来社予定のお客さまに
「お待ち申し上げておりました」

何か頼まれて
「私でよければ、喜んで！」

ほめられて
「これも先輩のおかげです」

爽やかさをアピール

明るいあいさつが決め手

相手より先に、明るくはっきりとあいさつを。暗い表情では、爽やかさはアピールできません。薄めのナチュラル・メークで、服装も清楚な感じに。

お待ち申し上げておりました

知性をアピール

中身をみがいて

相手の言ったことへの切り返しを鋭く。ウィットがきかせられれば上級。

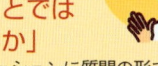

失礼ですが

反論するとき
「失礼ですが、それは……ということではないでしょうか」
→お詫びのワンクッションに質問の形で。

指示を受けて
「わかりました。……を…日までに…すればよろしいのですね。それなら…だと、よりスムースかと思われますが」
→指示を受けたら、復唱を。プラン・考えなどをプラスできればベター。

貸したペンを催促する
「私のペン、そちらにお邪魔してませんか」
→ユーモラスでカドが立たない。

やさしさをアピール

気遣い・気配りのひと言を

ちょっとソフトな話し方、気遣いのひと言が自然に出てくるように、自分なりに訓練を。

営業に出かける同僚に
「行ってらっしゃい。気をつけて」
→ちょっとした気遣いの言葉が、相手をいい気持ちに。

食事の誘いを断ったが…
「ぜひまたお声をかけてください」
→断ったことへのフォロー。

ゴホゴホ咳をしている同僚に
「ツラそうね。ティッシュあげましょうか」
→同情を示して安心させた上で、周囲が迷惑していることを、傷つかないように注意している表現。

ゴホゴホ

Point

ただだらだら話すより、口数は少なくても、気のきいたひと言、その場にぴったりの表現が、話し手の印象をよくします。そんな効果的な言葉を、上手に使えるように。

タイプ別会話美人のポイント

あいづち上手のコツ

興味を持って聞く

・タイミングよくあいづちを。
・話し手の目を見ながら。
・表情豊かに。
・感情によって、あいづちを使い分けて。

「まさか」「信じられない」「え〜っ」「そうよね」「それで？」「さすが」「どうして？」

ほめ上手のコツ

心にないことはNG

・心をこめて言うこと。
・欠点はあえて口にしない。
・いいと思ったことをほめること。
・日頃から周囲の人のいい点をよく観察しておく。

「…が素敵」「…で憧れちゃう」「センスがいいですね」「さすが」「よくご存知ですね」「よく…ですね」

断り上手のコツ

まずはお詫び、そして断り

・最初にお詫びを言えば、相手もショックが小さい。
・カドの立たない理由を言って断る。
・誘いなら、代案を加えれば、相手は断られた気がしない。

「あいにくその日は都合が悪くて…」
「今日はちょっと体調がよくないので…」
「母と約束があるので…」
「持ち合わせがなくて」
「いま、とても立てこんでいて…」

お詫び上手のコツ

何を置いても、まずは謝罪を

・とにかく謝りのひと言を。
・次に、ミスの状況や原因の説明を。言い訳にならないように冷静に。
・以後気をつけて、二度と同じミスをしないことを伝える。

「私の不注意で…」「まことに不行き届きで…」「私がいたらないばかりに…」「深く反省しております」「今後このようなことがないように十分注意いたします」「どうぞお許しください」

ここで差がつく one rank up manner [ワンランクアップマナー]

●印象的な電話のかけ方

電話での会話も、ちょっとしたひと言があるかないかで、まったく印象が変わってきます。特に携帯電話の普及で、いつでもどこでもつながるようになった分、受け手に対する気遣いが、より大切になっています。いきなり一方的に話すなどということのないよう注意し、はっきりと聞き取りやすく、簡潔に話すこと。

「いまお話してもよろしいですか」
「少しお話が長くなるかもしれませんが、よろしいでしょうか」
「お忙しいところ申し訳ありません」
「外出先にまでお電話いたしまして、申し訳ありません」

advice 話に区切りを持たせながら、ひと言ごとにギュッと口を結んでみて。顔もきりっとして、とても美しくなります。

男性と接するときの話し方

相手の人柄や立場、話す状況などによって、内容や話し方などを変えるのは当然のこと。特に男性が相手だと、ふだん女性同士のときとは違った気遣いが必要なことも。

男性をほめるポイント

その人のこだわり・自信

気づいてほめてくれた人には“この人は見る目がある”という評価につながるかも。

「さすがですね」
「よくご存知ですね」
「…のことは、○○さんですね」

人柄・雰囲気

人柄をほめられるのは、最高にうれしいこと。

「人間的に素晴らしい」
「面倒見がよくて、頼りになりますよね」
「○○さんがいると、場がパッと明るくなりますね」

小さな変化

人知れない努力の成果を気づいてもらえるのが何よりうれしいもの。

「最近ちょっとスリムになりましたよね。スーツ姿がキマってます」
「そのヘアスタイル、素敵ですね」

知性・才能

能力をほめられるのは、最高のほめ言葉。

「本当に、何でもよくご存知ですね」
「勉強になります」
「あのプレゼンは最高でしたね」
「よくそんなにアイデアが浮かびますね」

服装・センス

「おしゃれなタイですね。よくお似合いですよ」
「そのシャツのブルー、素敵ですね。○○さんの雰囲気にぴったり」
「そのカバン、初めてですよね。さすがセンスいいわ」

大切なおつきあいのときは

デートのとき

- 親しき仲にも…で、マナーは忘れないこと。「いま話せる？」「ちょっと失礼」「遅くなってごめんなさい」などのひと言は必須。
- 悩んでいる彼には「力になれなくてごめんね」「大丈夫？」と気遣いを。「どうしたの？」「何があったの？」の連発はNG。
- 謝るなら「だってぇ」「でも…」は避けて。
- 「あなただから言うけど…」と本音のトークも。

家族へ紹介されるとき

- 「ヒロシが…」「つよポンったら」など彼の名前を呼び捨てにしたり、愛称で呼んだりしない。
- 両親に対しては、目上の人に接する丁寧さを忘れないこと。
- 何か聞かれたら、いちいち彼のほうを見たり、にやにやしたりしないこと。
- 「いつも○○さんにはお世話になっています」「素敵なお住まいですね」などのあいさつも。

Point

男性との会話は、ちょっとしたツボさえ押さえられれば、意外と手こずらないもの。そのツボを探すのは、人を見分ける目といえるでしょう。会話上手には、洞察力も必要。

フレーズバリエーション

目上の相手

恩師・世話になっている人

ご無沙汰して

「長い間ご無沙汰して申し訳ありませんでした。でも、お元気そうなご様子で安心いたしました」

「ご連絡差し上げようと思いながら、ついそのままになってしまいまして。いつも○○さんどうしてらっしゃるかなとお噂していました」

訪問して

近況を伝えたり、家族や趣味、共通の知人の話題などで。

「お会いしていない間に、娘も歩けるようになりました。」

「そういえば、先生もお孫さんができたとか。おじいちゃんですね」

「山歩きは続けてらっしゃるのですか」

飲み仲間と

相手の話したそうな話題で聞き役に回る手も。

「禁煙したんですって？　よくやめられたわね。エライ！　そういえば、最近、全席禁煙の店というのも増えてるわね。居酒屋までって言うから…」

「ほら、あの人なんて言ったっけ？ あのアニメのキャラクターに似てる…。そういえば、○○さん、アニメ大好きだったわよね…」

上司

出勤途中にばったり

爽やかなあいさつと、明るい話題を。詮索にならない程度に、家族の話題なども。

「おはようございます。いい日になりそうですね」

「昨日は遅くまでお疲れ様でした」

「お嬢さんのピアノの発表会いかがでした？」

お酒の席で

大事な仕事の詳細は避けて。

「プロジェクト成功でよかったですね。課長のリーダーシップあってこそと皆言ってます」

「課のメンバーはいい方ばかりで、私が一人で足を引っ張っているのではないかと…」

目下の相手

職場の後輩

お昼休みに

相手が話しにくそうなら、話題を提供して。

「営業で○○によく行ってるでしょ。あのあたりで、おいしい店知らない？　できれば、和食系がいいけど」

「○○さんって、スペイン語話せるんですって？　どうして？ 南米に興味あるから、今度発音教えてもらおうかしら…」

取引先の担当者と

かしこまらずラフすぎず、丁寧に接する感じで。

「○○がいつもご面倒をおかけして申し訳ありません。そういえば、○○さん、いつも弊社にいらっしゃるときは、ここまで歩いて来られるそうですね。かなり時間がかかるでしょう？」

「○○さんのお友達に、○○さんっていらっしゃいますでしょう？私の弟の親友なんですよ」

advice ルックスや学歴については、ほめたつもりが、逆に本人を傷つける結果になったりしないように、十分注意を。

女性と接するときの話し方

女性同士だからわかり合っているはずなのに、誰とでも上手に接するのは難しいもの。わかるからこそ…の難しさもあります。そんなときは、相手の立場に立ってみることがいちばん。

女性をほめるポイント

「私も見習いたい」というほめ言葉を

同性なら「私もそうなりたい」「見習いたい」というニュアンスのほめ言葉がくすぐられます。

知性・才能・努力

仕事に打ちこむ女性には、知性や仕事ぶり、成果などへの賛辞は、殺し文句。

「仕事もバリバリできて、尊敬しちゃう」

「いろいろ勉強になります」

「何でもよくご存知ですね」

「○○の仕事、あんな短時間によく一人でできたわね。すごいわ」

服装・センス

「そういうスポーティなファッションも似合うわよ」

「あら、そのバッグおしゃれ。よくそういうセンスのいいの見つけるわよね」

「夏らしく変身ね。ショートカットもよく似合うわ」

人間性

人柄や人間性、価値観などをほめられるのは喜びを感じるものです。

「私も○○さんのような大人の女性になりたい」

「カッコよくて、しかもやさしくて。憧れちゃうな」

「○○さんがいてくれると、本当に心強いわ」

やさしさ・気遣い

気づいてもらえるのは悪い気がしないもの。

「よく気がつくわよね」

「あそこ片づけたの、○○さんでしょ。助かるわ」

「…していただいて、本当にうれしかったわ」

「私も見習わなきゃ」

趣味・得意なこと

「○○さんって、料理上手よね。どうやってつくるの？」

「○○さんの披露宴のときのピアノ演奏素敵だった。また聞かせてね」

「○○さんって英語ペラペラですね。留学の経験があるんですか」

セレブのPoint Lesson

Q 上手な返事の仕方は？

A タイミングが絶妙の返事は、会話を盛り上げる名脇役。口の中でモゴモゴしたり、「ええ」「いえ」「どうも」などのおざなりな返事をされると、話す気も失せてきます。返事ははっきり気持ちよく。ひと言添えると、会話もはずみます。

呼ばれて
- 「はい。すぐにまいります」

ほめられて
- 「ありがとう。好きこそ物の…っていうけど、上達はしないのよね」
- 「とんでもない。上手な人はたくさんいますから」

あいさつされて
- 「こんにちは。お元気そうで何よりです」
- 「お帰りなさい。お疲れでしょ」

あいづちを打つ
- 「そう。それはよかったわね」
- 「ええ。でも大変よね」
- 「そんな。で、どうするの」

Point

女同士だからこそ、見えすいたお世辞やうそはすぐに見破られます。腹の探り合いはやめて、本音でぶつかったほうがいいかも。

フレーズバリエーション

目上の相手

職場の先輩

給湯室で

言葉遣い、カドの立つ言い方にはご用心。噂話は、積極的に加わらないように。

「さっきは、私の分までコピーお願いしてしまって申し訳ありませんでした。本当に助かりました」

「○○さん、そのヘアスタイル素敵ですね。部内でも評判ですよ」

レストラン・バーなどで

連れて行ってもらったときは、お店の雰囲気などをほめることから。

「素敵なお店ですね。さすがに、よくご存知。今度、お店を探すときは、○○さんに相談してもいいですか？」

「○○さんらしく、お店選びもセンスがいいですね。ところで、洋服はどの辺で買っているんですか？」

趣味・サークルなどの友人

友人として、趣味の話を中心に。

「今度の展覧会の作品は進んでますか？　私は、なかなか落ち着いて取り組めなくて…」

「今日、帰りに予定が入ってますか？来るとき、近くでおいしそうなケーキ屋さんを見つけたんだけど、いかが？」

初対面の相手と

取引先で紹介されて

仕事や出身地、共通の知人のことなど当たり障りのないことから糸口を。

「このお仕事は長くやってらっしゃるのですか。私など、今年入社したばかりですので…」

「富山のご出身ですか。富山のどちらですか。私は氷見市の出身なんです…」

彼のお母さんと

「○○君は、小さい頃腕白だったんでしょうね。おば様も大変だったでしょう？」

「おば様のオムライスは天下一品だって聞いたことがあります。お料理がお上手だそうですね…」

目下の相手

職場の後輩と

注意する

二人きりのとき、さりげなく切り出して。

「そういえば、ちょっとうるさいこと言うようだけど…」

「そうそう、おしゃべりの私が言うのも何なんだけど…」

アフターファイブに

「今日は本当に疲れたわよね。息抜きしましょうよ。いつも会社帰りはどんなところに行ってるの？」

「お疲れ様。明日休みと思うと、ほっとするわね。土日は、普通、何をして過ごすの？」

取引先の人

年下でも、丁寧語で。お天気の話題、ニュース、界隈の情報など当たりさわりのない話題で。

「いつもお世話になっています。○○さんは、いつも本当にお忙しそうですよね。ところで、このビルの前に…」

ここで差がつく
one rank up manner［ワンランクアップマナー］

●憧れの人になる！

人はいつも視界に入る物、近くにいる人や環境に刺激されるそうです。憧れの人がいれば、身近に写真を飾ってみて。目から受ける刺激は特に強く、その写真をよく眺めていると、表情なども似てくるとか。あなたも、憧れの人の写真やポスターを身近に貼って、刺激を受けてみませんか。

トラブルを回避する話し方

何気ないひと言で、相手を怒らせてしまったり、場が沈んでしまったり…。不用意なひと言に注意して、いざというときは機転をきかせて切り抜けましょう。

冷や汗タラリ…脱出術

Q 思わぬ失言で、場の空気が凍りついてしまったけれど…？

A 冗談めかしてごまかすか、話題を変えるなどしてうやむやに。うやむやにできないようなら、はっきり謝ってしまうことが大切。

「なあんて、私が言えた義理じゃないわね、ハハハ」
「なあんて、人それぞれ。他人が口出しすることじゃなないわね」
「うそうそ、そんなことないって。そういえば…」
「ごめんなさい。私が言うことじゃなかったわ」

Q 相手が熱弁をふるっているけれど、そろそろ切り上げないと…？

A 他の話題に切りかえるのがいちばんですが、ダメなら時間を理由にして終わらせます。ほかにも、目にごみが入った、携帯電話に出るふりをするなどして、間をつくって。

「そういえば、いま思い出したけれど…」
「その点については、○○さん（同席者）の意見も聞きたいですね」
「あら、こんな時間。○時から予定があるから」「席に戻らないと…」
「それについては、またあらためてじっくりとお話を聞きたいわ」

Q 悪口を聞かされた挙句、同意を求められましたが…？

A 反論も、同意もしないのがいちばん。軽く受け流して、話題を変える努力を。

さあ、どうでしょうか…
あなたも
そう思うでしょ？

「そうなんですか。そういえば、○○さんっていくつですか？」
「まあ。そうそう○○課といえば…」
「さあ、どうでしょうか。そういえば、先日…」
「その件については、コメントできる立場にありませんので…」

Q 会話が途切れて困った…？

A 何か話さなければと思うほどに、頭の中は真っ白に。そんなときは、ひと呼吸置いて、お茶でも飲んで。それから、天気でも食べ物でも、目の前を通った人のことでもいいので話題にしてみましょう。

「そういえば、昨日の地震大きかったですね。どこにいらっしゃいました？」
「そうそう、今朝、初霜が降りたそうですね。寒いのはお好きですか？」
「あら、いま通った赤い車、すごく可愛いけれど、外車かしら？」

Point

会話の途中でピンチになったら、その話題を変えてしまうのがいちばん。それには、さりげなさとウィットに富んだひと言があれば、なお効果的。

SOS…ピンチのときのお助けフレーズ

Q セクハラ上司に、ビシッと言ったほうがいい？

A やめさせるよう努力を。ジョークのつもりで自覚のない相手には、冗談めかして、しかしはっきりと告げましょう。確信犯には、毅然とした態度で警告を。

「それ、セクハラですよ〜」
（冗談っぽく）

「セクハラする男って、最低ですよね」
（気配を察したら、予防線を）

「○○さんがこんなことするなんてショック！ セクハラですよ」

「失礼ですが、○○さんがなさることとは信じられません。ご自身の評判に傷がつくのではないでしょうか」

Q 答えたくない質問は、どう切り抜ける？

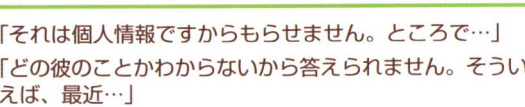

A 恋愛や結婚のことを根掘り葉掘り聞きたがる同僚などには、冗談で軽く流して、話題を変えるのがいちばん。

「それは個人情報ですからもらせません。ところで…」

「どの彼のことかわからないから答えられません。そういえば、最近…」

「さあ、どうかしら。あまり考えたことないから。そうそう、結婚といえば…」

Q すぐカッとなる相手、どう対処すればいい？

A 雲行きが怪しくなったときほど、冷静に。反論しなければならない場合は、相手の言うことも尊重しながら。

「申し訳ありません。
私の言い方が
よくありませんでした。
…というつもりだったのですが」

「おっしゃる通りです。少々早とちりでした」

「お互いにちょっと誤解があるようですが。それは…」

Q 会えば愚痴ばかり聞かされる相手には？

A 愚痴を言うことで、自分の中のストレスをコントロールしている人も少なくないもの。少しだけ吐き出させたら、さりげなく他の話題に切りかえて。愚痴を忘れるような楽しい話題を。

「そう、大変よね。ところで、この前ディズニーランド行きたいって行ってなかった？」

「そうなんだ。でもさ、もう夏休みだから、会社のことはしばし忘れて…」

「よくわかるけどね。そんなにくよくよしたってしょうがないよ。それより…」

セレブの Point Lesson

Q トラブルのもとになるフレーズは？

A 自分では気がつかないうちに、自分の話や発言がトラブルのもとになっているかも。女性の会話にありがちなポイントを挙げてみました。該当する箇所にチェックして、今後の会話に生かしてください。

チェックポイント

- 話がつい長くなる
- よくムッとする
- 余計なひと言を言って、後悔することがある
- 思いこみが激しい
- 「誰にも言わないで」と言われたことを話してしまったことがある
- 人の恋愛や結婚のことが気になる
- 悪口を言うことがある
- うわさ話が好き
- 夜中でも電話をかけることが多い
- 何か言われて泣いてしまったことがある

advice 苦情や注意をカドが立たないように言うには、「〜していただけますか？」というお願いの形で。

column 3　セレブスタイル流　人に好かれる技術

好かれようと心がけることが大切

初めて会った相手にも、ああ素敵な人だな、また会いたいなと思われる女性になりたいものです。身のこなしの美しい女性は、それだけで十分魅力的ですが、人から好かれるには、人を惹きつける技術も必要です。

好かれる人と嫌われる人は、どこが違うのか。例えば、好かれる人の態度は謙虚、嫌われる人は自己顕示欲が強い。また、まず行動する人と理屈ばかりこねて動かない人、様々な角度からものを見る人と表面ばかりを見る人…挙げてみると、好かれる人のイメージがわかってきます。それに近づくために、自分はどうするべきか。その方法を知るには、まず自分をよく知る必要があります。

そして、何より大切なのは、日頃から人に好かれようと心がけること。好かれる技術とは、何よりも好かれたいと思う気持ちなのです。

積極的な態度と誠実な会話がポイント

自分から好きになる

こちらが好意を持っていれば、自然と伝わるもの。それには、相手に対して興味を持つことから。例えば、スカーフの結び方がきれい、ソフトな話し方が感じがいい、笑顔がチャーミング…相手の素敵なところを探してみましょう。

会話は誠意を持って

話すとき、聞くときの態度は、その人の印象を左右するもの。話すときも聞くときも、きちんと相手のほうを見て。何かしながら、ということほど不誠実に見えることはありません。

何かプラスのお土産を

自分の情報を相手に与えると、心を開きやすくなるもの。せっかく会う機会に恵まれたのですから、何かを持ち帰ってもらう気持ちで。情報でも、楽しい話でも、何かひとつほめることでもＯＫ。

Part 3

パーティーでのふるまい方

- 招待される側のマナー
- パーティーでの会話の楽しみ方
- ホストのマナー 準備＆心配り
- 喜ばれるもてなし方
- 立食パーティーでの作法
- お茶席でのマナー
- TPO別外出時の服装とマナー

招待される側のマナー

パーティーの招待状、お誘いの電話を受けたら、その瞬間から招待客の役割がスタート。招待客としてのマナーを踏まえ、しっかり準備を進めましょう。

出欠の返事

返事は早めに

返事は早めに。出席する場合は、早ければ早いほど、喜んで出席するという気持ちが伝わります。

調整できなくて・・・

欠席なら、即答するよりは数日おいてからのほうがベター。

出席できるかどうか微妙なとき

直前まで予定がはっきりしないなら、欠席にしたほうが無難。ただ、親友の結婚披露宴などは、電話でなるべく出席したい旨と、いつ頃なら返事ができるか伝えること。

招待状

気をつけて！ NG manner

●当日行けなくなったときは

やむを得ない理由で、当日出席できなくなったときは、わかった時点ですぐに主催者に連絡を。身内の不幸などで欠席せざるを得ない場合は「やむを得ない事情」で十分。

sorry

招待状を見るポイントは？

- 会場の場所や開催時間
- 主催者と自分の関係
- パーティーの趣旨
- スケジュール
- 出席者・同行者
- パーティーの内容
- 服装・参加費用など

返信ハガキにひと言添えて

ハガキで出欠の返事を送る場合は、ひと言添えて。特にお祝い事なら、必ず「おめでとう」を。

[出席の場合]

●慶事●

「おめでとうございます」

「喜んで出席させていただきます」

●法事など●

「謹んで出席させていただきます」

[欠席の場合]

「海外出張のため、残念ながら欠席させていただきます」

「やむを得ない事情により欠席させていただきます」

（身内の不幸や病気など暗い理由の場合）

やむを得ない事情により欠席させていただきます。

出席せずにお祝いの気持ちを伝える

日程や健康上の理由などで出席できない場合でも、慶事ならお祝いを、法要なら供養の気持ちを伝えましょう。

お祝いを贈るなら

- 花を贈る
- お祝いのカードを贈る
- 祝電を打つ
- プレゼントの品を贈る
- お祝い金を贈る
- 後日改めて会ってお祝いする

happy for you

Point

お祝いのパーティーは、出席するもしないもお祝いの気持ちが大切。その気持ちをどう表すか、その形がマナーです。欠席のときも、気持ちを丁寧に伝えたいもの。

INVITATION

出席するときは

料理や雰囲気をほめて

主催者は、招待客が楽しんでいるか気になるもの。パーティーの最中にホストと話す機会があれば、招待のお礼、お祝いなどに加えて「素敵なパーティーですね」「お料理もとてもおいしくて…」等々、ひと言添えると安心するはず。

開始時間より前に到着しない

早すぎる到着は主催者に余計な気遣いをさせることに。ホームパーティーなら近所を散策するなどして時間をつぶして。披露宴なら受付が始まる頃に。立食パーティーは少々遅れても大丈夫ですが、乾杯には間に合うように。

趣旨を理解して出る

何のためのパーティーなのか、きちんと確認をし、趣旨をよく理解して出席すること。それがわかっていれば、服装や持参する物なども、自然と決まってくるもの。マナーを違えることもないはずです。

delicious!!

early…

or

スマートな断り方

ここで差がつく
one rank up manner［ワンランクアップマナー］

●見られている意識を持って

美しくなるためには、誰かに見られているという意識が重要。自然と背筋も伸びて、しぐさも優雅になってきます。それができたら、一人でいるときでもその意識をキープして。

「美しく正しい姿勢」→10ページ、「美しい身のこなし」→13～15ページを参考に

代理人を立てることも

ビジネス関係のパーティー、知人の受賞パーティーや祝賀会など、招待された本人が行けなくても、部下や家族がかわりに出席すればいいケースも。主催者に確認してから代理を立てて。

○○先生
受賞パーティー

せっかくのお誘いなのに申し訳ないのですが…

断るときは

直接本人に断りを。招待へのお礼と出席できず残念な気持ちを、丁重に伝えて。

（例）「せっかくのお誘いなのですが、あいにくその日は友人の結婚式で…」
「お誘いいただき大変光栄でございますが、残念ながら、当日地方に行っておりまして…」

気乗りがしないパーティーは？

気乗りがしないのは、お祝いの気持ちや楽しくすごしたいという気持ちがわかないこと。そんな気持ちで出席するのは、かえって失礼。カドの立たない理由で断ってかまわないでしょう。

○○PARTY

advice 結婚披露宴では、主催者側から申し出がない限り、勝手に代理人を立てるのはＮＧです。

ファッション

ビジネスの公式パーティー

会社の創立記念パーティー、オープニングパーティー、歓送迎会など。会にもよりますが、浮かないように控えめにするのが無難。

パンツスーツにはスカーフを差し色にして女らしさをプラス。

落ち着いた上品な色のワンピースやスーツに、派手すぎないバッグや靴で。

華やかなパーティー

結婚披露宴など華やかな席には、場にふさわしい服装で。フォーマルなパーティーは開始時間によって、服装を変えて。

昼● アフタヌーンドレスに光らないアクセサリー

夜● セミイブニングドレスにゴージャスなアクセサリー

気の置けない仲間のパーティー

ホームパーティー、仮装パーティーやパジャマパーティーなど集まりに合ったタイプを。事前に皆で相談しておくといいでしょう。ホームパーティーに招かれたときは、動きやすいカジュアルスーツなどで。

ジーンズやタンクトップなど、くだけすぎはNG。

プライベートなややあらたまったパーティー

知人の祝賀パーティーや受賞記念パーティーなど。あらたまった店で食事をするときくらいのおしゃれを。

服装に気をつけるべき場で着る着物は、付け下げ、訪問着、色留袖。品よく華やか。

かっちりしたワンピースやスーツが基本。コサージュやスカーフで華やかさを加えることを忘れずに。

セレブのPoint Lesson

Q "勝負"角度って何?

A 同じ人の顔でも、見る角度によってずい分印象は違います。特に、顔のつくりは左右対象ではなく、双方から見た感じの違いは大。もっとも美しく見せたい"勝負"のときは、あごを引いてまっすぐ前を見る基本ポーズに、自信のある側が少し見えるよう角度をつけるのがコツ。

左右で印象はこんなに違う

一般に、きき手の側から見たほうが、表情も豊かで華やかな印象を与えます。一方、反対側はやさしい印象。どちらがよりきれいに見えるか、日頃から鏡をよく見て研究しておくこと。

身だしなみ

服装が決まったら、それに合わせてバッグ、靴、アクセサリーをコーディネート。ヘアやメークなども、パーティーに合わせて、いつもより華やかさを。

ヘア

華やかさを演出するなら、カール、髪留めで。ラメを上品に散らすのも。

ネイル

服の色やメークに合わせて。ビジネス関係の行事の場合は、透明か淡いピンクで。

メーク

ふだんよりも、少し華やかに。ラメやパール系を上手に使って。

香水

食べ物の味や香りがわからなくなるような強い香りはタブー。すれ違ったとき、ほんのり香る程度に。

バッグ・靴

フォーマルなら昼は光沢のない素材、夜は光沢のある素材の物。

大きな通勤バッグやペタンコ靴は、パーティーには不適。

(ホームパーティーに行くなら)

持ち寄りパーティーなら

前菜、デザート、お酒など大体の担当など決めておきたいもの。事前に取り寄せなどで準備して、こだわりのおすすめの味を持参できれば◎。

お土産選びのポイント

●メンバーの人数　●顔ぶれ　●男女の割合　●年齢層
●子どもの有無　●ホストが用意する物（料理、お酒）
●自分のお気に入り

こんなものも…

●故郷の特産品
●お気に入りの地酒と珍味のセット
●つまみやすい中華の点心類
●直輸入のチーズとワイン
●手作りのデザート
●行きつけのレストランの前菜盛合わせ
●自慢の手打ちそば　…etc.

センスが光るお土産を

招待されたらお土産を持参して。誕生会や初節句、新築の家のお披露目など、パーティーの趣旨に合わせて、花束や観葉植物などを用意します。

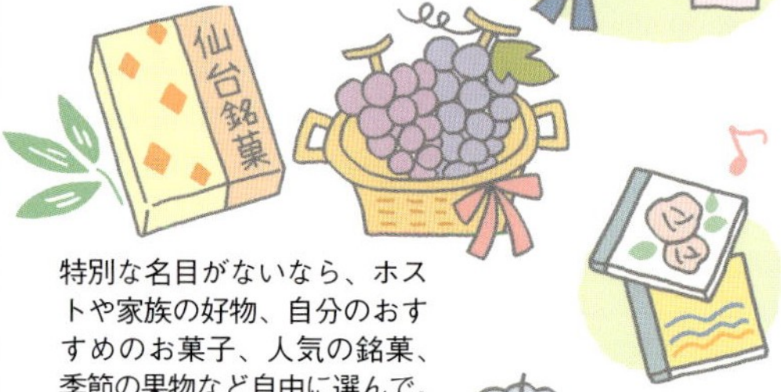

特別な名目がないなら、ホストや家族の好物、自分のおすすめのお菓子、人気の銘菓、季節の果物など自由に選んで。

キャンドルや音楽のCDは皆で楽しめるのでおすすめ。

advice　ワインは大勢で持ち寄ると、格の違いを気にする人もいるので、TPOに応じて持参しましょう。

パーティーでの会話の楽しみ方

パーティーでは、料理やお酒以上に大切なのが、楽しい会話。料理がおいしくても、会話がはずまなければパーティーの魅力は半減。その成否は、出席者にかかっているのです。

初対面の人と

会話のきっかけは、自己紹介から。席が近い人、手持ちぶさたの人、話してみたいと思った人…気軽に声をかけて、話の糸口をさがしましょう。

ひと言プラスして印象づける

自己紹介は名前をフルネームで告げたら、ニックネームや名前の特徴などをひと言プラスするのが、印象づけるコツ。

（例）

「神田久美。よくカンクミって呼ばれてます」

「大下藍です。ゴルフの藍ちゃんと同じ藍です」

「佐藤恭子と申します。日本で1、2を争うありふれた名前です」

紹介されるときは…

初対面の人を紹介されるときは「こちら○○さん」と言われたら、一礼し、笑顔で相手の目を見て、「出会えてうれしい」という気持ちを表して。自分が紹介されるときは、名前をフルネームで名乗り、頭を下げて。

話題の選び方・見つけ方

パーティーのことから

ホストとの関係やパーティーの目的に関すること、パーティーの雰囲気のことなどから話題にするのが、もっとも自然。

お天気・季節の話題

相手も場所も選ばない天気や季節の話題は、会話のウォーミング・アップに最適。

出身地・住まいなどの話題

出身地や住まいは、会話が広がりやすい話題のひとつ。友人・知人、旅行の思い出、お国自慢や特産品、店や人気スポットなど、あらゆる記憶や知識を総動員して広がりを。

仕事の話題

どんな仕事をしているかは、お互い興味深いところ。仕事の面白さや大変なところを聞いて。ビジネスで共通した関わりが持てそうなら、名刺をもらっておくのもいいでしょう。

ニュースや最近話題の事柄

誰でも興味を抱いている話題なら、世間を騒がせているニュースや、評判になっていることを。話題の映画や本、最新の流行などもチェックしておきたいもの。

スポーツ・趣味の話題

ハマれば、大いに話がはずむ可能性のあるのが、スポーツや趣味の話題。相手に何か打ちこんでいることがあれば、聞き上手に徹するのもOK。

Point

壁の花にならないように、自分から声をかけて。うまく話題を広げて話の花を咲かせましょう。これが、ネットワークづくりの第一歩。

NGの話題あれこれ

悪口は空気も悪くする

知人や出席者のことはもちろん、どこかの企業のトップや、著名人のことなどでも、ネガティブな話題は、耳に入って楽しいものではありません。

HISO
HISO…

私は～党
支持ですが
…

政治の話題

景気や経済、世界情勢などの話は、むしろビジネス関係のパーティーでは不可欠。ただし、選挙で誰に投票するとか、どの政党を支持するかといった個人的な考えはあれこれ聞かないこと。

宗教の話題

人それぞれに考え方や信条は違います。特に信仰に関しては、他を否定したり強引にすすめたりすると、場の雰囲気も悪くなります。

下品な話その他

露骨な下ネタ、汚い話が周囲を不快にするのは、テーブルマナーと同じ。雰囲気だけでなく、食べ物や飲み物の味まで悪くなります。

自慢話

パーティーに限らず、「私が、私が」と自分中心の人は煙たがられます。話の内容も同様。自分や家族、会社などの自慢ばかりでは、聞き手だけでなく、周囲の人も居心地が悪くなってきます。

話題の広げ方

天気
趣味
仕事
出身地

きっかけのつかみ方

話をふってみても、相手があまり興味がなさそうなら、別のキーワードで話の進路変更を。例えば、出身地→北海道→雪祭り×、雪→スキー→冬休みのスキー旅行→温泉…　という具合。いくらでもキーワードは転がっています。上手に使って、話にはずみをつけて。

話したくなる質問で

会話を発展させるには、上手な質問の仕方で。イエス、ノーで答える質問では、話は広がりません。相手に教えてもらうような質問などで、盛り上げましょう。

～で良いお店を
ご存知ありま
せんか？

（例）

「そのバッグとても素敵、
どんなところでお買い物されるんですか」

「ヨーガを？　興味あるけれど、私みたいに身体が
硬くてもできるかしら」

「お菓子づくりが趣味？　私がつくると
スポンジケーキがふくらまないのだけれど、
上手につくる方法をご存知ですか？」

セレブのPoint Lesson

Q また話したいと思わせる話し方は？

A 話題が豊富で、話が面白い人はとても魅力的ですが、それ以上にまた話したいと思うのは、気持ちよく話をさせてくれる人。自分の話に強く興味を持ち、楽しんで聞いてくれる人ほど「ああ、話してよかった」と思えるものです。

上手な話し方4か条

1. 話を聞くときは、相手に興味を持ち、あいづちをはっきりと。
2. 聞くときも話すときも相手の目を見て。
3. 視線をはずすときは、少し下を向いてはずすと奥ゆかしい印象に。
4. ピシッと背筋を伸ばして。きちんとした敬語は好印象。

advice 複数の人との会話は、視線に注意。同じ人ばかり見ず、全員にゆっくり視線を移していきましょう。

ホストのマナー 準備&心配り

自分でプランを練って、ゲストを招待して開くパーティーも楽しいもの。誰を招こうか、どんな料理が喜ばれるか…など準備の段階から楽しさは始まっています。

プランニング

スタイルを決める

時間的にも金銭的にも、無理は禁物。日時と大まかな予算を決めたら、ゲストの人数や顔ぶれ、料理主体か、お酒主体か、スナック中心かなどのスタイルを決めて。

まずはテーマを決めて

パーティーを開くなら、テーマを決めて。旬の魚が手に入るから、パスタマシンを買ったから…などの他愛のない目的でOK。テーマがあれば、人選やプランニングもラクです。

シチュエーションに合わせた準備を

自宅に招くとき

部屋の広さや予算、時間などを考慮して規模を決めます。気の置けない友人だけの小さなパーティーでもいいし、持ち寄りや会費制もあり。自分と皆が楽しめることが第一です。

プランニングのポイント

●規模　●会場にする部屋
●スタイル　●人選
●料理と飲み物
●テーブルセッティング
●部屋のセッティング
●ゲームや余興

自宅に招くときの準備

会社に招くとき

社内のパーティーや関係者を招待してのパーティー、展示会やイベントがらみのパーティーは、特に準備が重要。係を決めて、早めに準備に取りかかるようにしましょう。

準備のポイント

●係を決定　●日時(主賓の都合もチェック)　●人選(主賓、あいさつ、乾杯の音頭も)
●会場の場所(使う部屋は早めに手配・告知)
●ゲストの招待
●料理や飲み物
●余興やイベント

レストランに招くとき

レストランでパーティーを開くなら、店選びが最大のポイント。めぼしい店をピックアップしたら、実際に足を運んで味やサービスをチェックします。打ち合わせをしっかり行い、料理などの希望もきちんと伝えること。

店選びのポイント

●予算　●スペース(人数、個室)
●場所、アクセスの利便性
●料理(種類、味、盛り付け)
●店の雰囲気…パーティーの目的を考慮　●スタッフの応対

Point

パーティーの成否は、プランニングと準備が決め手。お金をかけなくても、時間をかけ心をこめて準備をしたパーティーの温かさはゲストにも伝わるもの。

ゲストの招待

顔ぶれを伝えておく

ゲストを誘うときには、大体の顔ぶれを伝えておくといでしょう。サプライズがなくてつまらないと言う人もいますが、その場で気まずい雰囲気になるより安心。

人選は慎重に

パーティーの目的を決めたら、人選は慎重に。ウマが合わない人同士、初対面の人ばかりなどに注意。初対面の人が多ければ、エンターテイナー的な人を加えるなどの工夫を。義理や人数合わせで呼ばないことも大切。

1か月前には詳細を伝えて

招待状を送るなら、1か月前が適当。電話で誘うときも、そのくらいを目安に。招待状なら「出欠の返事は○日までに」と書いておくと、確認の手間が省けます。

手作りの招待状も

インビテーション・カードを手作りして送る、というのもおしゃれ。写真やイラストなどを使って、目的に合った楽しい物を。持ってきてほしい物があれば、ひと言添えて。お土産が重なるより、必要な物を持参してもらうほうが合理的。

招待状作成のポイント

- 文面は簡潔に。時候のあいさつ、前置きなどは省略し、パーティーの目的を忘れずに
- 住所、氏名、電話番号、メールアドレスを明記
- 日時に曜日も加える
- 地図も入れる
- 服装やお願いなど必要があれば添えて

料理・飲み物の準備

季節・テーマに沿って

イタリアン、韓流、エスニックなどのジャンルでもいいし、ほめられたことのある料理特集、串づくし、ラッピング、激カラ、お取り寄せ…メニューを考えるのが楽しくなる工夫を。

ソフトドリンクも用意

少なくとも1種類はソフトドリンクを用意。氷やミネラルウォーターなども忘れずに。乾杯用にシャンパーニュやスパークリングワイン、梅酒や、日本酒なども。料理と同様、お酒選びもひと工夫を。

ポットラック（持ち寄り）パーティーも

皆が自慢の料理を持ち寄って、作り方を教え合いながらいただくのは楽しいもの。また、お酒を持ってきてとか、デザートを…などとお土産を割りふると、同じ物が重ならずにすんで合理的。

「作りながら」もOK

ホームパーティーだからといって、手作りにこだわる必要はありません。ケータリングを利用したり、レストランにオーダーしてもOK。ホットプレートやバーベキューなど作りながら楽しむのも○。目的、顔ぶれで使い分けましょう。

＋αでパーティー料理に

パーティーだからと新しい料理に挑戦するより、作り慣れた料理にひと工夫を。

おもてなし料理へのアレンジアイデア

大きな器に葉を敷いて肉じゃがを乗せ、木の芽を添える。

炒飯を大皿に豪勢に盛り、あんを添えてあんかけ風に。

advice ホストも一緒にパーティーを楽しめるよう余裕を持って準備を。セルフサービスなどもうまく活用して。

喜ばれるもてなし方

スキなく整ったスペースよりも、居心地のよさが決め手。
ピカピカに磨いたトイレに1輪の花…さりげない心遣いがもてなしの基本。

センスのよい会場づくり

くつろげる空間を

花や装飾品をごちゃごちゃ飾るよりは、人が自由に動ける空間を。余分な家具なども一時避難させて、広くシンプルなスペースにするとくつろげます。

寝室をクロークに

コート置き場は必須。スペースがなければ、寝室の利用も。欧米では、寝室を片づけて、ベッドの上にコートを置いてもらうのが一般的。

トイレは清潔に

30分前には、ペーパー類や汚れなどの最終チェックを。小さな手拭き用タオルをたくさん用意して。電球にアロマ・オイルを塗って、ほんのり香りらせるのも○。

入り口が大事

特に玄関とトイレはきれいに。汚れた表札は磨き、殺風景なドアの前には植木でも。こもった臭いが気になるなら、アロマオイルやお香を。

テーブルセッティング

そろいの食器がなくても気にする必要はなし。ナプキン類はクロスに合わせて多めに用意して。

食器

大皿や大きめの鉢にドンと盛って並べると食欲をそそります。丸いお皿が多い中に四角のお皿を置いてアクセントにしたり、平らな皿に高台の器や鉢を混ぜてメリハリをつけるなどの工夫も。

テーブルクロス

面積が大きいだけに、雰囲気を決める重要なもの。テーマに合わせて選びましょう。

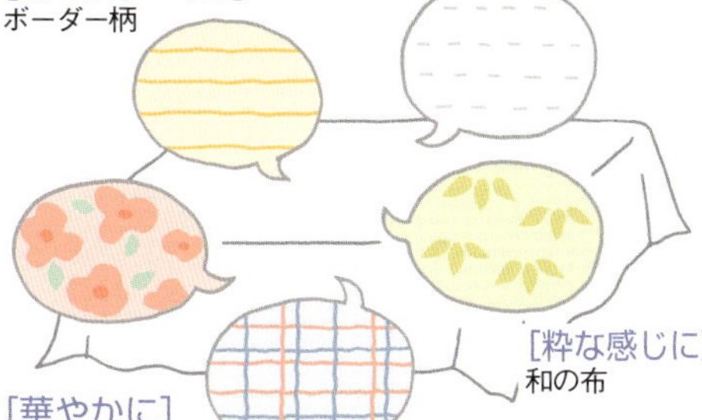

カトラリーと箸

着席のディナーパーティーでなければ、箸で十分。箸置きに凝ってみるのもおしゃれ。
カトラリーを用意するなら、よく磨いてから指紋がつかないように注意して並べること。

センターピース

テーブルの中央には、花やキャンドルなどのセンターピースを。ただし、ユリのように香りが強かったり、花粉が落ちやすい花は避けること。季節感のある果物をあしらってもおしゃれ。

Point

素晴らしいご馳走や立派なテーブルセッティングが整っていても、温かな笑顔、楽しいおしゃべり以上に素晴らしいもてなしはありません。

ホストのふるまい

飲み物や食べ物は行き届いているか、手持ちぶさたの人はいないかなど、ホストは常にゲストに気を配っている必要があります。大勢を招待した場合でも、必ず全員と平等に言葉を交わすことも大切。

場の盛り上げ役に徹する

話がはずんでいないときには、自ら話題を提供して大いに盛り上げて。そのためにも、事前に面白いネタや各ゲストにまつわるエピソードなどを用意しておくとベター。初対面の人同士を紹介し、話のきっかけを見つけてあげるのもホストの仕事です。

料理を出すタイミング

まずは飲み物と、軽い前菜などで、ゲストがそろうのを待って。料理は30分後くらいからで十分。ただ、飲み物が空になっていないかは、いつも気を配る必要があります。飲み物のサーブはホストの男性の役目。食べ物のサーブは女性の役目です。

出迎え・見送りは怠りなく

ゲストが到着したとき、帰るときは、参加してくれたことへの感謝の気持ちをこめて、必ずホストが玄関で出迎えと見送りをするのがマナー。帰りには預かったコートなどを渡し、丁寧に見送ります。

お土産は皆でいただく

ゲストが持ってきてくれたお土産は、できるだけ皆でいただくように。サーブするときには、必ず「○○さんからのお土産です」とひと言添えて。

外国人ゲストも同様に

欧米では、パーティーにはカップルで招待するのがマナー。独身の人でも「ボーイフレンドと…」などと招いてみるのもいいでしょう。イスラム教、ヒンドゥー教などでは禁止されている食べ物もあるので、招待の際には注意。基本的に、外国人だからと特別扱いすることなく同様に楽しんでもらうのがいちばん。

後片づけは手伝ってもらってもOK

申し出があれば、ゲストに後片づけを手伝ってもらうのも可。その際「こちらで洗うから、食器を下げてきてもらえる？」などと、ホストが役割を分担。大変な作業は、自分たちがやるように。残ってくれた人には、帰りの時間を考慮してお願いすること。

セレブのPoint Lesson

多めに焼いたクッキーやお菓子、または残ったパーティー料理を、ビニール袋に入れ、リボンをあしらってお土産にするのも○。

Q ゲストに喜ばれるお土産は？

A 来てもらったお礼に、お土産を用意しましょう。負担にならない物を、きれいにラッピングして渡すのがコツ。可愛いレースペーパーやナプキンなどに包んで渡しましょう。

advice 飲食物をこぼしてしまったときの片づけは、ホストではなくゲスト本人がやります。

立食パーティーでの作法

立食パーティーは格式ばらない自由な雰囲気が魅力。全身が目につく場だけに、エレガントな立ち居ふるまいが目を引きます。

ファッション

動きやすいスタイルで

ワンピースやカクテルドレスで。ずっと立っているので、動きやすくタイトすぎないタイプを。

バッグはショルダータイプで

グラスやお皿で手がふさがることが多いので、バッグはショルダータイプが便利。

靴がポイント

立ちっ放しな上に、じゅうたん敷きの場合は足への負担も大。ヒールは、3～5cmの高さが疲れにくくてベター。

7cmヒールは、はきなれていれば、足をきれいに見せます。

美しいふるまい

イスは皆のもの

イスは疲れたときに、ちょっと腰を下ろすためのもの。ずっと座ったままで、イスを独占することのないように。特に、バッグで席取りをして料理を取りに行く、知人と話に行く…などの自分勝手なふるまいは最低。

立ち止まってはいけない場所も

料理が並ぶテーブルの近く、バーの前、出入り口の近くは、人の出入りが特に激しいところ。こういう場所で立ち止まったり、飲食したりするのは迷惑です。人の流れにも十分気配りを。

立食は時間を気にしなくていい？

遅れるとしても20分以内まで。退出は自由でかまいませんが、主催者にひと言あいさつして、目立たないように会場を離れること。

人の輪を広げるのがパーティー

立食パーティーでは、いろいろな人と話せるのがメリット。黙々と食べていたり、知人とばかり話したりせず、積極的に話しかけてネットワークづくりを。

Point

立ったままでも美しく、というのがファッションやふるまいを考える上での基本。見苦しくならないように、迷惑をかけないように、周囲への目配り、気配りを怠りなく。

飲食マナー

コースに従って オードブルから

料理はオードブル、スープからデザートまで、コースの順に並んでいます。取るほうも、この順に従って。列を乱したり、流れに逆らったりするのはマナー違反です。

人の分まで たくさん取らない

あれもこれもと皿に山のように盛るのは、いかにも食い意地がはっていそう。何度でも取りに行ってかまわないので、一皿に2～3種類程度に。同行者の分もと、一度に何皿にも盛るというのもNG。

酔うほど飲むのは タブー

いくら楽しく盛り上がっても、酔っ払うほどに飲むのはタブー。飲みすぎたなと思ったら、水分を多めに飲んだり、外の空気を吸ったり早めの対策を。

歩きながら 食べるのは論外

歩きながら食べたり飲んだりするのは、マナー違反。人の邪魔にならないところに立ち止まっていただきます。歓談するときは、料理の皿は置いて、飲み物だけ持って。

ここで差がつく

one rank up manner［ワンランクアップマナー］

●立っているときにはポージングを

全身の立ち姿が目につく立食パーティーでは、ぼんやり立ちは避け、美しいポージングを取り入れて。左足に重心を置き、右足はかかとをちょっと上げて内股ぎみにひざを折り、足先は少々外向きに→8ページ「S字の法則」。

グラスを顔のそばに寄せると、顔を美しく見せます。
指先に表情をつけて。
片足を軽く後ろに引くとエレガント。
Posing

食器の扱い方

グラスと皿の スマートな持ち方

片手に皿、片手にグラスというのは、あまり見た目もよくありません。できれば、お皿やグラスは片手にまとめて持って、片手はあけておくのがスマート。

左手でまとめて。グラスは皿の上に乗せるとスマート。

フォークは人差し指と中指で押さえると安定します。

サーバーは両手で堂々と

両手にフォークとスプーンを持って取ってもOK。自信があれば、フォークの背とスプーンではさんで取り分けて→30ページ。

皿・グラスは何度かえてもOK

終わった皿やグラスは、サイドテーブルに置いて下げてもらいます。他の料理を取るときは、皿を使い回しせずに新しい皿に。

advice グラスを置いてテーブルを離れるなら、ナプキンを好きな形に折ってしいておけばグラスを間違えません。

お茶席でのマナー

お茶席では、茶道の心得がないと不安なもの。流派によって違いがありますが、一般的な抹茶の作法さえ押さえておけば、十分に楽しめます。

これだけは準備を

装い

季節感が大事

必ずしも着物でなくてＯＫ。派手な服や露出の多い服は避け、きちんとしたスタイルで。茶道では、季節を大切にします。新緑や紅葉の色あいなど季節感を意識した服にできればベター。

お茶席のNGファッション

- 時計や大きなアクセサリーははずすこと。
- 濃すぎる化粧や、派手なネイル、強い香水はNG。
- ミニスカートやタイトな服は、正座に不向き。

持参するもの

[懐紙]
菓子をいただくときに必要。

[白い靴下]
ストッキングの上からはく。

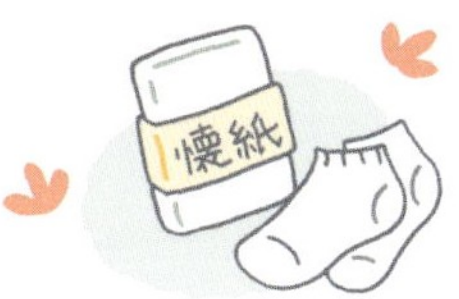

持っていると便利なもの

[黒文字（楊枝）] 生菓子をいただくときに使う
[扇子] あいさつのときにひざの前に置く
[袖落とし] →45ページ 使用済みの懐紙や残り物を入れる（ビニール袋でも可）

茶の湯の基本

薄茶のいただき方

一般的なお茶席では、薄茶が出されることが多いので、このいただき方を覚えておくといいでしょう。

心得がなければ、他の人の動作を真似るだけで十分です。

1 茶碗が畳の縁の外側に置かれたら、持って来た人に軽くおじぎ。

2 茶碗を畳の縁の内側に置き、亭主(ホスト)に深くおじぎ。

3 右手で茶碗を取り、左手に乗せたら、茶碗の正面をよけて左へ二回小さく回す。

4 何回かに分けて飲んだら、右手の親指と人差し指で飲み口をぬぐう。指先は懐紙で拭く。茶碗を３と逆に回して、正面を前に戻して置く。

Point

緊張しすぎず、最低限のルールだけ頭に入れておけば大丈夫。わからなければ、前の人の動作を真似ればいいでしょう。静粛で、趣きに富んだ雰囲気を楽しんで。

和室でのふるまい

お茶席で気をつけること

おしゃべりはOK？

お茶室は静粛にする場所。わからないことを隣の人に聞いたり、お菓子の感想を言い合ったりするのはＮＧ。

お手洗いに行きたくなったら？

お茶席では中座は許されません。あらかじめ済ませておくこと。

足がしびれたら？

正座をしながら、つま先を立てるようにする。これを何度か繰り返す。

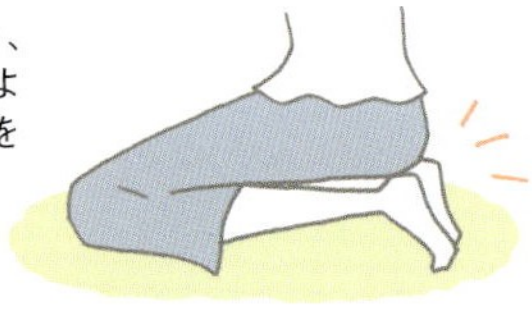

座敷への入り方（ふすまの開閉）

1 開けるふすまの前に正座。柱側の手を引き手にかけ少し開ける。反対側の手はひざの上。

2 引き手にかけた手を、下から30㎝くらいまで下げ、身体の中央まで開ける。

3 反対側の手にかえて、すべて開ける。

4 両手をついてひざを使って茶室に入る。

覚えておきたいポイント

- 敷居や畳のへりを踏まない。
- 茶室では、床の間の飾りや飾ってある季節の花を鑑賞することも。

お菓子のいただき方

お茶の前にお菓子が出されますが、亭主（ホスト）の合図があったらいただきます。

1 生菓子は箸で、干菓子は手で懐紙に取り分ける。

2 生菓子は黒文字で一口分ずつ切り分け →45ページ、干菓子は手でつまんでいただきます。

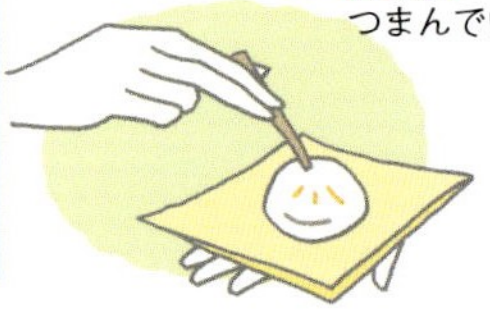

セレブのPoint Lesson

日本茶の飲み方

❷蓋は裏を上向きにして、右脇に置く。

❶ 左手で茶碗を押さえて蓋を取る。茶碗の上で露切り →33ページ を。

❸右手で茶碗を持ち、左手を添えて静かに飲む。飲み終わったら、蓋を戻す。

Q 日本茶の美しいいただき方は？

A 温かい物は温かいうちにいただくのがマナー。遠慮せずに、温かいうちに。前かがみにならず、美しい姿勢を意識して。お菓子が一緒に出されたときは、お茶を一口飲んでからいただきます。

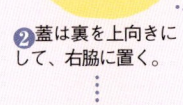

TPO別外出時の服装とマナー

TPOに合わせた服装やふるまいは、マナーの基本。日常とは少し違う場で、特別な雰囲気を楽しむなら服装も晴れやかにしたいもの。

装いのマナー

観　劇

歌舞伎・能の鑑賞

歌舞伎座や能楽堂は日本の社交場。いつものお出かけよりは、あらたまった装いで。洋装ならアフタヌーンドレスかスーツ、和装なら訪問着、小紋、付け下げなど。

普通のお芝居

いつもよりはドレスアップして、自分らしいおしゃれを楽しみたいところ。洋装ならワンピース、和装なら小紋や紬で。

ポイント

- 長時間なので着くずれに注意（着物の場合）。
- タイトなスタイルは避けたほうが楽。
- ゆとりを持って開演時間までに到着。

コンサート

オペラやクラシックコンサート

ちょっとしたパーティー感覚で、ややあらたまったお出かけ着で。

ロックやポピュラーコンサート、ミュージカル

お気に入りのカジュアルなスタイルで。パンツスタイルもＯＫ。

ポイント

- ジャラジャラと音の立つようなアクセサリーは控えて。
- 携帯電話の電源はオフに。
- 飲食は控えて。

発表会・展覧会

招待してくれた人に失礼のない程度に、きちんとした服装で。ワンピースやスーツ、付け下げ、小紋など。主役ではないので、派手になりすぎないこと。

ポイント

- 会によってはお祝い持参で。
- 招待してくれた人にあいさつを。

Point

観客も会場の雰囲気の一部。雰囲気づくりも考えたファッションで、素敵なひとときを心ゆくまで堪能しましょう。和装ももっと気軽に楽しんで。

着物でのおでかけと立ち居ふるまい

あらたまったお出かけなら訪問着や色無地、おしゃれ着なら、シンプルな柄の付け下げや小紋、ふだんのお出かけなら紬で。

着物の格とTPO

着物にはドレスコードにあたる格があります。

[礼　装] 振り袖、黒留袖 →121ページ

[準礼装] 色無地の紋付き、訪問着 →121ページ

[盛　装] 色無地、付け下げ、小紋

[ふだん着] ウール、木綿、紬

紬

ちょっとおしゃれな、ふだん着の着物。

付け下げ

訪問着に準じる社交用の着物。

小　紋

小さな模様を全面に散らした着物。

物を取るとき

着物を着たときは、手足をあらわに出さないというのが基本。物を取ろうと腕を伸ばすときも、腕があらわにならないように、そっと袖口を押さえて。

着くずれを直すには

帯がくずれたときは、手を後ろに回して帯を正しい位置に戻し、ハンカチを帯の間にはさんで。

合わせがゆるんできたら、合わせの部分を片手で押さえ、片方の手でおはしょりの部分を下に下げる。

立ち方・歩き方

足をやや内股気味に運ぶのがコツ。重心が身体の中央にくるように。

背筋を伸ばし、あごを引いて。腰を引き加減に上体をまっすぐに。

気をつけて！ NG manner

●劇場やコンサート会場で

座っている人の前を通るときには、お尻を向けるのは大変失礼。反対を向いて通るようにします。お互いに、なるべく窮屈な思いをしなくてすむように、席が中央の人は、休憩時間の後は早めに席に戻るように。逆に端の人は、少しゆっくり戻る気遣いも。

車の乗り降り

両足をそろえ、身体を回転させながら車内に。降りるときは、この逆→17ページ。

まずシートに浅く腰をかけます。袖をふまないように注意。

advice 着物を着ての観劇は粋ですが、着慣れない人は、長時間の歌舞伎や能は避けたほうが無難。

column 4　セレブスタイル流　ドレスアップテクニック

スカーフとアクセサリーはドレスアップの万能アイテム

　ドレスアップするには、素敵なドレスを一着買うのもいいけれど、ひとつあればドレス何着分にも活躍してくれるのが、スカーフとアクセサリー。アイデア次第で、使い方は無限大。特に、会社帰りにパーティーや楽しいイベントがあるときのドレスアップには、大変便利で頼もしい味方です。

　スカーフなら、まずは86㎝×86㎝、または90㎝×90㎝の大判タイプを。エルメスやフェラガモなど少々高くてもいい物がおすすめです。マフラー風に巻いたり、結んだり、ベルトやバッグがわりにしたりと幅広く使えます。

　アクセサリーは昼間向けの小さな物から、夜用の大きい物、キラキラした物など多めに持つようにしたいもの。多めにバッグに入れておき、TPOで使い分けましょう。

スカーフ＆アクセサリーのアレンジ術

大判スカーフのアレンジ

［細長くして］角と角を合わせて折り、それを半分に。さらに半分に折って、細長い帯状に。

首からかけて

マフラー風に巻いて

ふたつ折りにして輪に端を通して

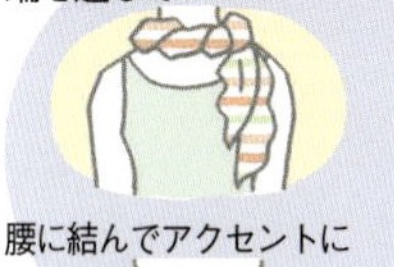

リボン結びに

腰に結んでアクセントに

バッグに結んで華やかに

［三角にして］ふたつ折りにして三角形に。

肩にかけて

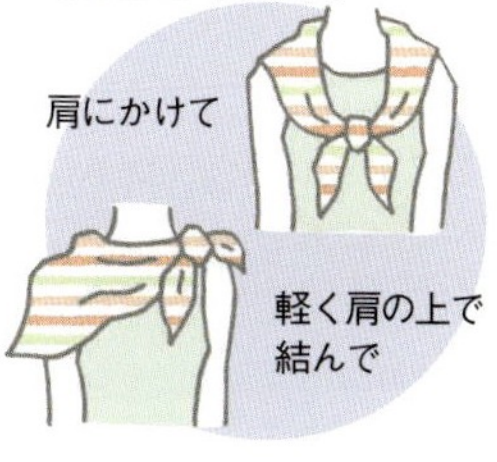

軽く肩の上で結んで

［アコーディオンに］
山、谷、山、谷…と細長く畳んで。

首に結び端を開いてお花に

アクセサリーはいろいろ持ちたい

最初に買うなら、時間に関係なく使えるパールとダイヤモンドを。

18時以降は、大きい物、輝く物でドレスアップ。女らしさをアピールするには、揺れるイヤリングがおすすめ。色のきれいなサファイヤ、ルビー、エメラルドなどもドレスアップに欠かせません。

Part 4
できる女性のビジネスマナー

- 初対面のアピール術
- お客様・取引先に印象づける受け答え
- できる女と思わせるコツ
- 【コラム】お手本にしたいしぐさ・したくないしぐさ
- 意思をスマートに伝えるには
- 上司・先輩との接し方
- 部下・後輩との接し方
- 同僚・同期との接し方
- 社外・アフターファイブのマナー

初対面のアピール術

初対面の人と会うときは、なんと言っても第一印象がモノを言います。服装や雰囲気、相手に対しての気配りなど、上手なアピール方法を身につけましょう。

好印象の服装と身だしなみ

スキンケアや髪の手入れを怠らない

ナチュラルメークは、健康的な肌と髪にこそ映えるもの。セルフメンテナンスは怠らずに。

アクセサリー類はシンプルに

華美な物、大ぶりな物はビジネスの場では不向き。シンプルで小さいタイプを選びましょう。

メークはナチュラルに

ファンデーションは薄めにつけて、眉はこまめに整えましょう。口紅、アイシャドーはラメ入り、派手な色は避けて。アイラインもほどほどに。

ロングヘアはきりっとまとめて

すっきりとまとめるのがベスト。さっと髪をまとめられるスティックやバレッタを常備して。

差し色でセンスアップ

黒、グレー、茶などのベーシックな色にアクセントカラーを合わせて。青や緑は落ち着きがあり知的な印象。また白やアイボリーなら明るいイメージになります。

スーツやツーピースが基本

シンプルなデザインのスーツ、ジャケットとスカート（パンツ）がおすすめ。身体のラインを強調するデザインやミニスカート、スリット入りスカートはＮＧ。

派手なマニキュアはNG

透明か自然な色のものを。長すぎる爪も厳禁です。色の濃いもの、ネイルアートはオフィスには不向き。

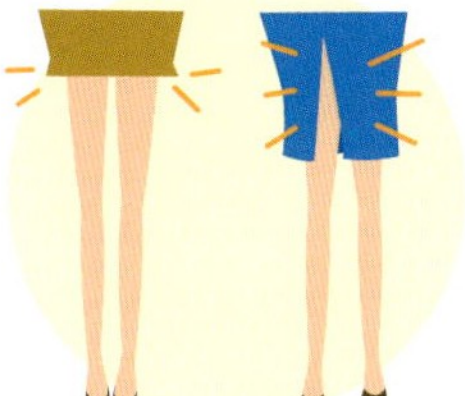

ストッキングの伝線に注意

万が一のために予備を常備して。色は淡いベージュ系、グレー、黒が無難。

足元には気を抜かない

こまめに靴を磨く習慣をつけましょう。ヒールの高さは約5cmが適当。高いヒールや、ミュールはコツコツという音が周りの人に耳障りです。

Point

自分をアピールすることと出しゃばったり目立つことは違います。仕事の上でプラスになる自己主張は必要ですが、外見で自分の存在を強調するのは間違った認識です。

ＴＰＯ別自己紹介

自己紹介の基本は出すぎず、引きすぎず。さりげないアピールを加えて、相手の印象に残る工夫をしたいもの。逆に目立ちすぎると反感を買う場合もあるのでほどほどに。

異動先で

いままでの仕事内容を簡単に述べて、新しい部署でがんばる意志を伝えましょう。

❶ 自分がこれまでやってきたことを簡単に述べる。

❷ 異動先の業務内容について理解していることをアピールする。

❸ 異動先の評判や印象について簡単に述べる。

❹ 新しい部署では若輩者、という意識で謙虚に。

自己紹介例

「本日付で異動してまいりました○○です。❶これまでは会社や商品の情報を発信する立場でしたが、❷これからは商品の情報を収集する立場になりました。❸会社の要ともいえる、この部署に来ることができて光栄です。❹1日も早くここのやり方を覚え戦力となれるように努力します。よろしくお願いいたします」

取引先で

会社のアピールをメインに。印象に残るキャッチフレーズを入れこめば効果的です。

❶ 印象的なキーワードを盛りこむ。

❷ 会社のアピールになるフレーズを。

❸ 話の最後は次に会う機会や先につながる言葉を。

★（その他）相手の趣味、嗜好を事前に調べておいて、会話のきっかけをつくりましょう。

自己紹介例

「今月より、御社を担当させていただく○○と申します。❶男性ばかりの営業部の紅一点ですのでよろしくお見知りおきください。……（最後に）近々、❷弊社が力を入れてまいりました新商品が発売されますので、❸是非ご紹介させてください」

転職先で

「この会社だから〜」を強調して、社員に優越感を持たせる言葉を取り入れましょう。前の会社の悪口は言わないこと。

❶ 転職した会社のいいところをほめる。

❷ どんなことをしたいのかを述べる。

❸ ステップアップしたいという意欲をアピールする。

★他業種からの転職ならば「○○に興味があって」と転職の動機を述べても。

自己紹介例

「○○と申します。❶○○社の夢のある商品が大好きで、❷一人でも多くのお客様にここの商品の良さを知ってもらいたいと思い、お世話になることを決めました。❸いずれは自分の企画を商品化するのが夢です。未経験の分野なので不安も大きいですが、よろしくお願いいたします」

セレブのPoint Lesson

Q 珍しい名前の人と出会ったら

A 名前に関する話題は、絶好のアピールチャンス。例えば、「温水です」と名乗る相手から名刺を受け取った場合。相手が「ヌ・ク・ミ・ズです」と名乗ったら「ヌクミズ様ですね。温かい水とお書きしてヌクミズ様。とても温かみのあるお名前ですね」と受け取った名刺を眺めながら答えます。こんな機転で相手はとてもいい気分になれるはずです。

advice 難しい名前の相手には、「この字には、どんな意味があるのでしょう？」と教えてもらうと、会話の糸口がみつかる場合も。

お客様・取引先に印象づける受け答え

相手にいい印象を持たれる会話の秘訣は、上手にリードするポイントをつかんで誠実な態度で接することです。また、女性らしい心配りや控えめな言葉遣いも大切な要素です。

好印象の受け答えのポイント

Point 1 相手の話を最後まで聞く

相手が真剣に話している途中に口をはさむのはタブー。ちょっと言葉がとぎれたり、間があいたときに「それでどうしたんですか？」「それは大変でしたね」と、次の言葉を誘導するあいづちを打つと効果的です。

Point 2 相手の名前を積極的に呼ぶ

会話の中に、「加藤さんはどう思われますか」「加藤さんのおっしゃる通りですね」というように、相手の名前を積極的に交えましょう。相手の存在を認めている態度を示せば、距離がぐっと縮まり効果的です。

Point 3 豊かな表情で

楽しく会話するための基本は生き生きとした表情。日頃から鏡の前で、顔の筋肉をほぐす練習を。

間違って使っていませんか？ 正しい言葉遣いをチェック

「お名前をちょうだいできますか」→
「お名前をお教え願えませんか」

「こちらは○○になっております」→
「こちらは○○でございます」

「○○様でございますね」→
「○○様でいらっしゃいますね」

「上司に申し上げておきます」→
「上司にも伝えておきます」

「こちらにお掛けになられてください」→
「こちらにお掛けください」

知的で明快な印象を与える話し方 4か条

❶ 結論から述べて、経緯、説明は後にする。
❷ センテンスを短くして、自分が言いたい言葉を強調する。
❸ ダラダラと話さずにテンポよく適度なスピードで。
❹ 専門用語や横文字は多用しない。

表情トレーニング

❶「ウイ」と言葉に出すと自然に口角が上がる。これが笑顔の基本。
❷ 目と眉を思い切り上げ下げする。
❸ 口の端を横に引く。口をとがらせる。

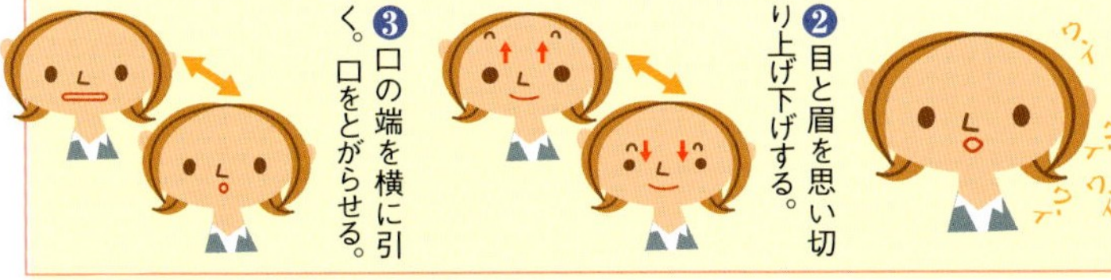

セレブのPoint Lesson

Q お茶出しにはバリエーションが必要？

Ⓐ 来客の場合は、まずお茶を出して、30分以上商談や打ち合わせが長くなるようであれば、コーヒーか紅茶を出すというのが一般的なマナーです。けれども話がこみいってくると、1~2時間におよぶ場合もあります。気配りのできる女性は必要があれば何回でもお茶の差しかえをします。

夏のお茶だし例
● 冷たい麦茶→ホットコーヒー→熱いお茶

冬のお茶だし例
● ホットコーヒー→冷たいウーロン茶→熱いお茶

外が暑いから、寒いからといって、冷たい物ばかり、温かい物ばかりお出ししないのが先方にはうれしい配慮です。

Point

お客様や取引先の人に対しては謙虚にふるまいましょう。常に相手を立てた言い回しと一歩引いた態度で応対を。

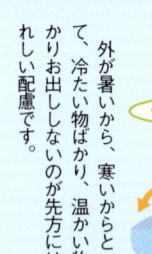

受け答えシミュレーション

話が脱線したときは…

プライベートな話が長々と続く場合は、相手の言葉じりをとらえて「○○なんですか」と言葉を返します。自分が理解していることが相手に伝われば、相手の話したい勢いをしずめられます。

「昨日は結婚記念日だったんだが、残業があって妻が怒っちゃってね」
「結婚記念日だったんですか。一緒にお祝いしたかったですね」
「明日は部下に頼まれて野球の試合に出ることになっててね」
「野球ですか、いいですね。明日はお天気がいいみたいですよ」

ほめられたら嫌味にならないように謙遜する

他の人からほめられたときは、軽く会釈して「恐れ入ります」「私だけの力ではありません」と相手を立てる言い方をしましょう。

「仕事が予定よりも早く進んでいるね」
「恐れ入ります。皆さんに協力していただいたおかげです」
「御社には優秀な人が多いですね」
「ありがとうございます。今後ともご指導お願いいたします」

相手の意図がわからないときは質問形式で

相手の意図が理解できない場合は、こちらから質問して話をまとめていきましょう。

先日お話いただいた件ですが
新商品のことでしょうか
名前は忘れたけど先月発売されたものです
何点か商品がございますがどのような特徴の？
そう、それです。ぜひ注文したいと思いまして
○○でしょうか

自分の失敗談で場をなごやかに

真面目な話ばかりでは相手との距離は縮まりません。たまには冗談話で相手をリラックスさせましょう。

「今朝、大きな地震があったね」
「私、あわてて母のサンダルを履いてそのままバス停まで行ってしまいました」

相手が間違っていることを言ったら…

相手の話に納得がいかないときはストレートに否定するのはNG。ソフトな言い回しで、一度相手の意見を肯定してから意見を述べましょう。

「おっしゃる通りだと思いますが…」
「確かにそうですね。ですが…」

気をつけて！ NG manner

●おわびのワンパターンに注意

取引先とのトラブル、お客様からのクレームに対応するときに「申し訳ございません」「以後気をつけます」を連発するのは心がこもっていないと受け取られます。苦情内容に応じて「申し訳ございません」の前にひと言加えれば、相手に誠意が伝わります。

〈例〉
「昨日の午前中に書類が届くはずだったのに、届かなかった。どうなってるの？」→
「お約束どおり品物が届かなかったのですね。それは申し訳ございません」

「以前にもそういうことがあったじゃない。おたくには迷惑をかけられっぱなしだよ」→
「いろいろとご迷惑をおかけして申し訳ございません」

advice 「おうわさはかねがね～」はあまりいい言葉ではありません。いいうわさを聞いている場合でも禁句と心得て。

できる女と思わせるコツ

「仕事のできる女性」は内面と外面の両方を磨いています。仕事をスムーズに進め、周りの人たちにいい気持ちでいてもらうためのノウハウを知っておきましょう。

「できる女」はここが違う！ 生活態度編

忙しさを感じさせないゆとり

できる女性は、どんなに忙しくても、時間に余裕があるようにゆったりとふるまいます。目の前の仕事も大事ですが、周りの人たちとコミュニケーションを取ることも大切な仕事と認識しているのです。

セルフメンテナンスを怠らない

賢い女性は常に自分と向き合う時間を大切にしているもの。メイクよりもスキンケアに重点を。

朝食をしっかり食べてエネルギーを蓄え、仕事のために備えます。

単純作業を積極的に

できる女性はお茶汲みのときでも、おいしいお茶をいれるための努力を惜しみません。どんな仕事に対しても受身にならずに前向きに取り組める姿勢こそ、できる女の条件です。

友人をたくさん作る

様々な業種の友人をたくさんつくりましょう。人脈を広げることが情報収集のきっかけになり、仕事のプラスになります。

デスク回りはいつも整頓

デスクの回りを常に整理しておくこと。資料や書類などは3か月を目安に、不要な物は思い切って処分しましょう。

アンテナは高く。情報収集を怠らない

仕事のできる人は、知的好奇心が旺盛で常に情報を得るためのアンテナを高くして自分の仕事に役立てる努力を怠りません。

言われる前に動ける

気がきく女性は来客があればすぐに席を立ち応対する、ミーティングの後片づけを進んでやるなど、言われる前に自然に動けるものです。

Point

本当に仕事ができる女性は決して自分の評価だけを考えません。「周りの協力があってこそ」と謙虚な気持ちで仕事に取り組みます。

実践編

手帳で上手にスケジュール管理

仕事を要領よく片づけるためには、スケジュール管理が決め手です。

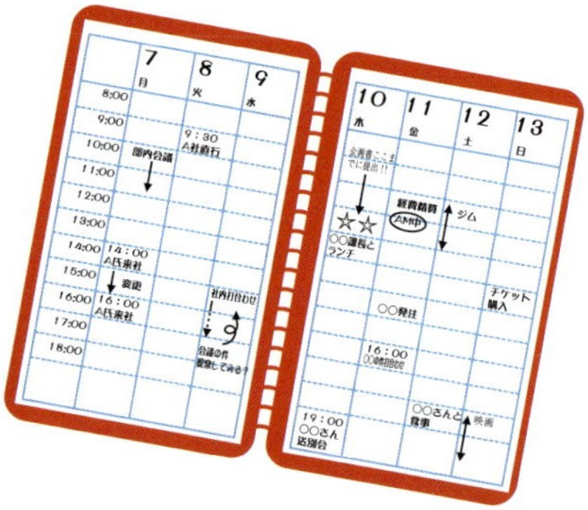

できる女の手帳活用法

❶ 行動予定やアポイントを書きこむ
❷ 変更になった予定も消さない
❸ やるべき用件や仕事をメモ
❹ 思いついたらアイデアをメモ

クレーム対応で差がつく

お客様や取引先からのクレームは、うまく対応すれば「できる女」に近づけます。

クレーム対応3原則

たらい回しをしない

「その件は○○部門が担当ですので…」とたらい回しするのはNG。こちらからあらためて連絡を。

反省・お見舞いの言葉から

「それはご迷惑をおかけしました」「大変失礼いたしました」と「お気持ちはよくわかります」という態度を示す。

ときには感謝の言葉を

商品に関する苦情のときは「お買い上げいただきましてありがとうございます」、社員へのクレームには「ご提言くださり、ありがとうございます」と相手を立てた言葉を添えて。

しめきりを早める習慣を

突発的な事態が発生して仕事の進行に支障をきたす場合もあります。仕事のできる人はこういった不慮の事態も想定して、しめきりを早めるようにします。

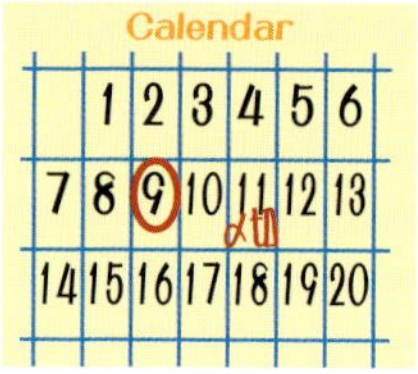

いきづまったら上手に気分転換を

集中力がおちてくると仕事もはかどらないものです。"いきづまった" と感じたら、思い切って気分転換をはかりましょう。

同僚と食事に行く

リラックスできるお茶を飲む

ストレッチをする

昼休みに散歩する

メモぐせでうっかり知らず

仕事があわただしくなると、やらなければならない事やスケジュールを忘れてしまう危険が。重要事項は必ずメモに書き、デスクの目立つ場所に貼っておきましょう。

- その日のスケジュール
- 連絡事項
- 仕事内容
- 誰に電話するか、Eメールを送るか

報告は求められる前にする

「報告」は仕事が完了したときだけとは限りません。気配りのできる人は、必要に応じて中間報告ができるものです。

報告のタイミング

- トラブルが発生しそうなとき
- スケジュールが変わりそうなとき
- 進行状況を定期的に

セレブのPoint Lesson

Q 仕事は午前中が勝負？

A 仕事ができる人は、だいたい早起きして朝早くから動き出します。それは疲労が少ない朝のほうが午後よりも仕事の能率がアップするからです。午前の早い時間に打ち合わせの予定を入れる方法も有効です。

- **午前は集中力が必要な業務を**
  スケジュールの確認、企画書の作成、報告書の作成、その日のうちに終わらせる業務、打ち合わせ、など。
- **午後は日常業務を中心に**
  メールチェックと返信、書類や伝票の整理、精算業務、など。

お手本にしたいしぐさ・したくないしぐさ

ちょっとしたしぐさやふるまいの違いが、周囲には「魅力的な女性」に映るもの。そんな女性は同性のあこがれです。同僚や後輩から好かれている人の魅力的なしぐさは、どんどん取り入れるようにしましょう。

OK　お手本にしたいしぐさ・ふるまい

気遣いのひと言が自然に言える

気配りのできる女性は、相手を思いやるひと言、うるおいのあるひと言を感情をこめて言うことができます。気遣いのひと言をかければ相手の気分がよくなることを知っているからです。

「おかげで助かったわ」
「大変でしたね」
「遠方からわざわざ
ありがとうございます」
「暑い中、
お疲れ様です」
「お忙しいところ
申し訳ありません」

自分の意見を持つ

自分のポリシーを持っていて、どんな状況でも（上司やクライアントの前でも）自分の意見を冷静に述べられる人は尊敬されます。多数意見に流されない人も同様です。

背筋をピンと伸ばす

姿勢がいいと健康的で積極的な印象を与え、見た目も爽やか。常に背筋を伸ばた姿勢をキープしましょう。

トラブルにもあわてない

トラブルが起きたときに、イライラしたり責任逃れをするといった態度は信頼されません。冷静に対処するのがベストです。

さわやかな笑顔

相手にいい印象を与えるためには「笑顔」が欠かせません。いつでも爽やかな笑顔を忘れずに。前向きでポジティブな考え方をしていれば、自然な明るい笑顔になれるのです。

小物にもこだわりがある

おしゃれな女性は小物にもさりげなく季節感を取り入れます。夏には涼しげな物を、冬には暖かみのある物を。

ほめ上手・聞き上手

ほめるときは「それ、いい考え！」「それ、ステキ！」とひと言気持ちをこめて言うのが効果的。話を聞くときは、ときどきあいづちを打ちながら聞きましょう。耳と心を相手に傾ける姿勢が大事です。

人によって態度をかえない

仕事ができて気がきく人は、誰にでも平等に接します。決して自分より目下の人には横柄で、目上の人には低姿勢といった態度は取りません。

NG お手本にしたくないしぐさ・ふるまい

だらしない態度

約束の時間には必ず遅刻する、不潔っぽい身だしなみ、デスクの上が汚いなど何事にもルーズな人は「仕事のできない人」と思われます。

愚痴っぽい

口を開けば「どうして私だけ〜」「○○さんのせいで…」など愚痴ばかり言う人は敬遠されます。気配りができる人は周りが暗くなるような話題を口にしません。

人の話はうわの空

自分の話ばかりで、他人の話はどうでもいいという態度は相手に対して失礼です。自分が話を聞いてもらったら、相手の話も聞くのが大人のマナーです。

八つ当たりをする

感情にふり回されて周りに八つ当たりするのは最悪です。イヤなことがあってもぐっとこらえて笑っていられる余裕を持てる人こそ仕事ができる女性というものです。

人の悪口を言う

悪口やうわさ話は必ず本人の耳に入るもの。また、人の悪口を言ったら自分も悪口を言われているとおぼえておきましょう。悪口を言ってもなんのプラスにもならずムダなことなのです。

やる気が見られない

いつも「疲れた」を連発する、仕事の不満ばかり言っている人はどんな仕事をまかせてもモノになりません。仕事に対する目標や希望を持って取り組む姿勢こそが能力アップにつながると心得ましょう。

こびる態度

男性に対して甘えたりこびたりするのは、同性の反感を買い信頼を失います。特に上司や先輩にこびを売る態度は「取り入っている」と誤解を招くので慎みましょう。

ユーモアが通じない

軽い冗談はビジネスの場での大切な潤滑油。そんな場面で真面目すぎる応答では場が白けてしまいます。機転のきく人はすかさず冗談で切り返せます。

そうでしょうか
○○さんも面白いと思うでしょ？

露出過多のファッション

職場に違和感をもたらすタンクトップやミニスカートはNGです。気配りのできる女性はTPOに応じたファッションを考えることができるものです。

意思をスマートに伝えるには

相手に対する謝意を心がけながら、自分の気持ちを伝える話し方を身につけましょう。交渉・プレゼンの場では、あなたは「何かをしていただく」「聞いていただく」立場です。

基本の交渉術

交渉をスムーズに進めるには、参加する人たちへの配慮が大切。それぞれのスケジュールを把握して日時を決める、会議のレジメをつくるなど指示される前にできるのが気配りのある人です。

交渉の基本●Point 1
相手の言うことに耳を傾ける

先方が何か説明をしているときは、メモを取りながら最後まで聞きましょう。疑問点があったら、説明が一段落したところで質問を。

交渉の基本●Point 2
準備をしっかり

交渉相手の企業情報をしっかりインプットしておきましょう。また、具体的なデータや数字を提示するための関連資料を事前に準備しておくのも忘れずに。

交渉の基本●Point 3
相手の言葉をうまく利用

「よくわかります。それには～」「○○ということですね。でしたら～」と相手の話を受け止めた上でこちらの提案を伝えると交渉がスムーズに進みます。

トラブルに負けない交渉術

話がこじれたら会いにいく

電話やメールでは伝わりにくいことも、対面で話せば理解してもらえる場合が多々あります。すぐに出かけていって相手の顔を見ながら話すのがいちばんです。

対面交渉のポイント

- 相手が怒っているときは黙って聞く
- 「申し訳ありません」と真摯な態度で詫びる
- 言い訳はしない
- 場合によっては改善策を提示する

折り返し電話もひと工夫

先方からの電話を一度切って、折り返し電話をするときは、きちんと何の用件で電話をしたのかを伝えましょう。

○○の件でお電話させていただきました

キツイひと言にも粘り強く

ときには交渉の相手からイヤミを言われたり無理難題をおしつけられることもあります。そんなときも粘り強く対処しましょう。

Case1 「もっと安くしてよ」

→「値引き制度はございませんが、この商品なら○万ケースは確実と思われます」と相手の利益につながる話を。

Case2 「企画書ないの？」

→「申し訳ありません。のちほどきちんと作成して、お送りいたします」と不手際を詫びる。

Case3 「忙しいんだけど」

→「かいつまんで申し上げますと…」と前置きして要点だけを話す。

Point

会話の相手が二人以上のときは、一人ばかり見るのは失礼です。ゆっくりと左から右に、または奥の左から右へ。それから手前右へ左へと視線を移します。

基本のプレゼン術

準備

メモを用意する

用意周到に臨んでも、上手に話す自信がない場合は要点を記したメモを用意して。

よく練習する

説得力のある話し方がモノを言います。実際のプレゼンの場を想定して事前に練習しておくことが成功のカギです。内容や流れをしっかり頭にいれておけば、自信もつきます。

それでは○○の件につきましてご説明させていただきます

基本テクニック

「結論→詳細→要点」の順で

説明するときはまず結論から入り、内容を詳しく述べたあとに最後に再び要点に触れます。難解な内容ならば、わかりやすい資料でフォローを。

結論から申し上げると

声をうまく使う

聞き手の気をそらさないように、声にメリハリをつける、テンポよく話す→18ページなど自分の気持ちを声であらわす工夫も大切です。

一人一人と視線を合わせる

大人数に話をするときもアイコンタクトが重要です。一人につき3～5秒ぐらい視線を送ることによって「1対1」の関係が生まれ、相手がより真剣に話を聞くようになります。

プラスアルファのテクニック

聞き手をほめる

一方的に自分の話に終始すると、聞き手のことがおろそかになる場合もあります。聞き手をほめる気配りも忘れないようにしましょう。

- 「皆さんのように精通された方々ならば～」
- 「皆さんもよくご存知のとおり…」

最初の5分が勝負の分かれ目

プレゼンが成功するか否かは、最初の5分でいかに聞き手の心がつかめるかにかかっています。本題とは関係のない話など、聞き手が興味を示す前フリをしてみるのもいい方法です。

5minutes
ここ最近の話題といえば○○ですが

"間"を上手に使う

話を聞いてほしいときは2秒ほどの間をあけるのが効果的→18ページ。聞き手は「え？」と思い、心をとらえることができるのです。話の節目にひと呼吸おくとリズムが生まれ、聞きやすくなります。

セレブのPoint Lesson

「アガリ」克服法

積極的にジェスチャーを交え、身体を動かすと気持ちが落ち着く。

ときどき聞き手から視線をはずし、壁の絵や窓の外を見てひと呼吸おく。

知っている人の顔を探し、その人に向かって話すと緊張感がやわらぐ。

Q プレゼン前になると緊張してしまう場合は？

A 緊張することをマイナスに考えずに、「気持ちにハリを持たせる」と考えれば気持ちがラクになります。相手のためにがんばろうと思うことも大切。自然と気持ちがほぐれてきます。

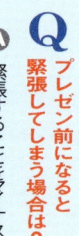

上司・先輩との接し方

上司や先輩といい関係を保つためには、コミュニケーションを図ること。上手にコミュニケーションがとれれば信頼関係も生まれてきます。

基本編

相談は自分の考えをまとめてから

上司に相談するときは、自分がどんなことで困っているのかを明確にしてから相談しましょう。

ポイントを整理して

上司に対しては敬意を払って礼儀正しく接しましょう。行動を共にするときは、自分から進んで行動しながらも、上司を立てた、でしゃばらない態度が肝心です。

どうぞ
悪いね

上司のタイプを把握する

上司が、どんなタイプなのかを把握しておくと仕事がしやすいもの。

把握タイプ　放任タイプ

細かいこともなるべく報告を。

要所要所で自分から報告を。

意見があるときはソフトに

いかがでしょうか?

「私は○○と思うのですが、いかがでしょうか？」とソフトな言い回しを心がけましょう。

実践編

指示を受けるときは…

❶５Ｗ２Ｈにてらして用件を聞き、メモを取る。

❷不明な点や疑問点を尋ねる。

❸指示の内容を復唱して確認する。

手が離せないときは

仕事がたてこんでいて、すぐに指示を受けられないときは上司に了解を得ましょう。

「申し訳ございません。ただいま手が離せませんので、○分後でもよろしいでしょうか？」

申し訳ありません。1時間後でもよろしいでしょうか?

連絡はまめにする

いまどのような状況なのか、こまめに連絡することは職場のチームワークを円滑にするために大切です。

外出先からは折りを見て連絡

「帰社時間が16時になりました。ボードに記入をお願いします」

「私宛に何か連絡が入っていませんか？」

私宛に何か連絡が入っていますか？

会社では正確に伝えるのが第一

「□□さん、課長から帰社が遅れるので、打ち合わせ時間を16時から17時に変更してほしいそうです」

「○○課長、納期の件でトラブルが起きました。実は…」

報告は要領よく

仕事の途中経過、変更、終了などは必ず上司に報告を。結論を先に述べ理由や経過を具体的に伝えましょう。

「○○の件ですが、いま○○の段階です。経過を報告しますと〜」

「○○の書類の整理ですが、終わりましたのでご報告します」

○○の件、経過を報告しますと…

ミスやトラブルがあったとき

「実は、お詫びをしなければなりません」

「大変申し上げにくいのですが…」

「○○の結果は残念ながら○○というものでした」

Point

上手にコミュニケーションを図るために大切な要素は上司を立てる行動、言動です。「相手を立てる」思いを忘れないようにしましょう。

こんなときどうする？Q＆A

女性の上司・先輩に

Q 相手が感情的になってしまったら？

A 反論しても、火に油を注ぐだけ。まずは相手の言い分をひと通り聞くこと。話の途中で口をはさまずに、上司に聞かれてから自分の意見を言いましょう。

Q 自分が特別だと思っている上司には？

さすが
ですね

A このタイプは「あなただけ」「さすが〜」というフレーズが大好きです。過剰におだてる必要はありませんが、「さすが○○課長ですね」などと適度にプライドをくすぐりましょう。

Q トイレで隣り合わせたときは？

A まずあいさつをして当たり障りのない言葉をかわして。気候の話題でも時事ニュースでもかまいません。相手を無視するのはNG。プライベートに関する話題も避けましょう。

お疲れ様です

Q 相手によって態度が変わる上司には？

A 相手によって態度を変える人は、尊敬できる上司とは言えません。反面教師として考え、自分は真似をしない、でも悪口は言わない、を心がけましょう。

男性の上司・先輩に

Q 要領を得ない指示には？

A 上司の指示が要領を得ないときには、自分が思いあたる範囲で「もしかしたら○○の件でしょうか？」と誘導しましょう。

昨日の
会議資料の
ことですか？
アレだよ
あの時の
あの資料

Q 一方的に叱られたら反論してもかまわない？

困るんだよ！
おっしゃることは
わかりました。
ご説明させて下さい

A まずは自分に非がなくても「申し訳ありません」とひと言謝罪を。相手の言い分を聞き一度相手を立ててから、自分の意見を述べましょう。

Q 女だと思ってバカにする上司には？

A 女性を見下している上司は、相手にしても意味がありません。感情的になるだけ損なので、何を言われても受け流し大らかに接しましょう。

でも女の子には
無理かな
大丈夫です

これお願い
これもお願い
申し訳
ありませんが

Q 次々と仕事を言い渡す上司には？

A 仕事を次々に依頼されたら、安請け合いしないのが原則です。上司に悪い印象を持たれないように上手に断りましょう。

カドの立たない断り方

「申し訳ありませんが、いまはそちらに手が回りません。○日まででしたらできるかもしれません」
「いま、○○さんから指示された仕事をしています。どちらを優先させましょうか？」

advice セクハラまがいの発言をされた場合には69ページの応対を参考にしてください。

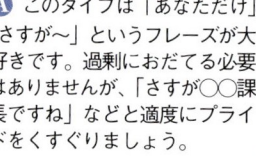

部下・後輩との接し方

自分自身の経験を生かして目下の人の仕事を進めやすくする工夫を。
また、相手が失敗したときは適切なフォローやアドバイスを忘れずに。

基本編

むやみに先輩風を吹かせない

いい先輩は後輩が仕事のやり方で困っていたり、迷っているときに的確なアドバイスができる人と心得ましょう。

そのやり方は違うわよ

部下や後輩にも、自分から明るく元気よくあいさつをしましょう。特に新入社員には職場に早く慣れてもらうためにも積極的に声をかけて。

知ったかぶりをしない

「先輩の○○さんがくわしいので聞いてみて」などと問題を解決する方法を相手に伝えるだけでOKです。

相談しやすい雰囲気を

ふだんから後輩の話の聞き役に回りましょう。そうすることで相手も仕事上の悩みなどを相談しやすくなります。

実務編

上手に仕事を振り分ける

大きな仕事を任されたときは、一人で抱えこまずに周りの人たちに仕事をふり分けて。効率的に進められ、仕事の質も上がります。

適材適所を見きわめる

仕事をふり分けるためには適材適所を見きわめる目も大切。その人に適した仕事であれば、やる気が起き、能力もアップします。ふだんから部下とコミュニケーションを図り、適性を見きわめて。

命令・指示は的確に

命令、指示を出すときは「状況をみれば言わなくても大丈夫」と勝手に判断せずに、具体的な表現を心がけましょう。

こんなあいまいな表現はNG

「できるだけ（なるべく）早く○○して」
「至急○○して」
「あまり遅くならないように」
「あとでかまわないから」
「来月の下旬に」
「明日の朝イチで」

ミスを責めない

後輩や部下がミスしたときは、必要以上に追いつめないこと。

ミスした部下への対処法

❶ 同じ間違いがないように本人に注意する。

次から十分気をつけてください

❷ 迷惑をかけた相手に対してフォローができているか確認する。

先方へは連絡しましたか？

❸ 後始末があったら自分も手伝う。

この度はご迷惑を…

Point

目下の人のやる気を育てるのも大切な役割。相手のいい点をほめて認めてあげることが仕事に対して積極的に取り組む姿勢につながります。

こんなときどうする？Q&A

女性の部下・後輩に

Q 泣かれてしまったときは？

A 注意したり叱ったときに相手が泣いてしまってもあわてずに。仕事中に涙を見せるのは「甘えている証拠」と心得て、きびしく接しましょう。

Q 自分でやったほうが早いと思ったら？

A 部下を育てるためには、とりあえず一度させてみて様子を見るのも肝心です。たとえ仕事のペースが遅くても、長い目で見てあげましょう。

Q「女」として張り合ってはだめ？

A 後輩と競い合うような話し方、態度はけむたがられます。同性の部下には共感、好意的な態度で接しましょう。

× 「あなたの着てるジャケットと同じような物を持ってるの。私も着てくるわ」

○ 「○○さんはさすがに流行に敏感ね。そのジャケット、とてもよく似合ってるわ」

男性の部下・後輩に

Q アドバイスのタイミングは？

A 仕事のやり方にあれこれと口をはさむと相手の気持ちをそぐことになりかねません。相手が困っているときにアドバイスするだけにとどめて。

Q 自分をバカにしている相手には？

○○さん、明日の打ち合わせ15時に変更します
あーそーですか

A 女性の上司に対してバカにした態度を示す部下もいます。ぞんざいな言葉や生意気な態度に反論しては相手の思うつぼ。相手のペースに乗らずに、度量の大きさを見せましょう。

Q 自信、やる気のない相手には？

A 相手の気持ちが前向きになるように声をかけるのが効果的です。「よくがんばったわね」「あなたはいつも明るいわね」とさらりとほめて自信をつけさせましょう。

気をつけて！ NG manner

●叱るなら直接本人に

部下のミスに気がついたときに、他の人の前で注意せずにメールやメモで伝えるほうが親切と考える人もいるかもしれません。こんな場合は直接本人に注意するのがベストです。口頭で伝えたほうがコミュニケーションが生まれ、誤解も生じにくいもの。

●「好き嫌い」で評価しない

会社では、すべての人間と相性がいいとは限りません。けれども自分の好き嫌いで部下を評価するのは好ましくありません。個人的な感情を捨てて客観的に部下を評価できるのがいい上司であり、先輩です。

advice 部下に対しては、"自分がサンプル"と心がけて。仕事を進める上で、必要なテクニックをどんどん伝えていきましょう。

同僚・同期との接し方

同僚は気軽につきあえる友人でもあり、よきライバルでもあります。
お互いを認め合い、仕事にプラスに作用するいい関係をつくっていきましょう。

基本編

うわさや個人情報は胸の内に

うわさ話やプライベートな話題が、仮に耳に入ってしまっても他言無用を心がけて。

口にチャック

親しい間柄であっても、職場では世話になったときのお礼、迷惑をかけたときのお詫びなど最低限の礼儀をわきまえて。

先程は
失礼しました

明るいあいさつはすべての基本

気のおけない存在であっても、上司や先輩同様にあいさつをおろそかにしないこと。

おはよう
ございます
おはよう
ございます

情報交換できるネットワークをつくる

積極的に交流して情報交換を。交際範囲を広げて人脈をつくっておけば、いざというときにプラスにはたらきます。

実践編

安請け合いは禁物

同僚が困っているときには、自分のできる範囲でフォローしましょう。解決する見通しがないのに、軽々しく引き受けるのは相手に迷惑をかけるので気をつけて。

私に
まかせて

質問や意見はタイミングを考えて

同僚に対する仕事上の意見は状況を考えてからにしましょう。話題によっては二人きりになってからのほうが都合がいい場合もあります。

今日のランチ
いっしょにどう?

金銭の貸し借りはしない

信頼のおける間柄でもお金の貸し借りはやめましょう。原則として借りない、貸さないのルールにしておけば安定した人間関係を保てます。

○○さんて
本当に仕事が
早いんです

称賛は陰で

同僚をほめるときは当人がいない場面で。上司が同僚に「○○さんに君の評判を聞いたよ」と言えば、ほめられた同僚も気分がいいもの。

Point

同僚とはお互いに助け合うギブ＆テイクの精神で接するのが理想です。また、相手のいいところは吸収する、悪いところは注意してあげるなど向上心を刺激しあう意識を持ちましょう。

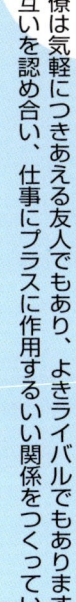

こんなときどうする？Q＆A

女性の同僚・同期に

Q 給湯室、昼休みのおしゃべりの話題は？

A 他人の悪口やうわさ話をしないこと。「ここだけの話」に限って本人の耳に入ることが多いものです。誰かが悪口を言い始めたら、さりげなく話題を切りかえて。

そう
いえばね…
○○さんて
最低よね
そうよね

相談があるの

Q 相談を受けたときは？

A 親身に話を聞いてあげてアドバイスを。適当なあいづちを打ったり、何かをしながら聞く態度は相手に対して失礼。視線を合わせてじっくり聞くのがマナー。

Q 苦手な相手には？

A ちょっと苦手な同僚には、いいところを見つけてほめてみて。人からほめられれば誰でも悪い気はしません。お互いの距離が縮まるきっかけになります。

○○さんて
いつもおしゃれ
ですよね

男性の同僚・同期に

Q 仲のいい同期。なんて呼ぶのが適当？

A 馴れ馴れしい呼び方は職場では避けて。「○○君」ではなく、「さん」づけで呼び合いましょう。「〜してください」「お願いします」などの丁寧な言葉遣いを忘れずに。

○○さん、
これお願いします

Q 同僚がミスをしてしまったら？

A 同僚がミスをして落ちこんでいるときは、何も言わないのが気配りというもの。慰めやはげましの言葉は逆にプライドを傷つける結果になりかねません。

Q 交際を申し込まれたら？

A あいまいな態度は誤解のもとです。「せっかくですが、仕事以外のおつきあいをする気はありませんので」とはっきりと具体的に伝えましょう。イエス・ノーをはっきりと。

せっかくですが…
仕事以外の
おつきあいは…

ここで差がつく one rank up manner［ワンランクアップマナー］

●悪いうわさを流されたら

自分に関する悪いうわさを耳にしたら、すばやく発信元をつきとめて話し合って。相手の悪口を封じるには、とことん話し合うのがいちばんです。口論になっても、相手の嫉妬やひがみには取り合わないで毅然とした態度で冷静に対処しましょう。根拠のない悪口には強い心で立ち向かう度胸も大人の女性には必要です。

ちょっと話が
あるんですが

社外・アフターファイブのマナー

アフターファイブのつきあいは、コミュニケーションを深めるために大切な時間です。社外だからと気を抜かずに節度を保ったふるまいを心がけましょう。

宴会・パーティーで

もしも失態をおかしたら

酔った勢いで周りの人に迷惑をかけたり、失礼な態度を取ったときは心から謝罪をして名誉挽回をはかりましょう。より前向きに仕事に取り組み、下がった評価を取り戻す努力を。

料理の取り分けもほどほどに

料理が出てくるたびにいちいち人数分に取り分けるのは感心しません。料理の取り分けは最初の1回でじゅうぶん。自分もきちんと会話に参加し、耳を傾けるのが大人のマナーです。

酒席の話題は翌日に持ち越さない

「○○さん、こんなこと言ってたわね」「課長は意外にお酒が弱いのね」などと酒席での出来事を職場で話すのはNG。特に他人の失態を批判するような言動は慎みましょう。

○○課長、すごく酔ってたわね

セクハラ発言には…

セクハラまがいの発言には冗談まじりに「それってセクハラですよ～」と上手にかわしましょう。うまくかわせないときには、そばにいる人に「△△さん、部長ったらこんなこと言うんですよ」と訴えてやめさせるのもひとつの方法です。

アフターファイブ

社内恋愛は水面下が原則

公私混同しないのが基本的なマナー。周囲の人に気を遣わせることにもなるので、オープンな交際は避けたほうが無難です。会社の近くでデートをするのはNGです。

不倫現場を目撃したら…

同じ職場の人の不倫現場に遭遇したときは、同僚はもちろん本人にも言わずに自分の胸にとどめておきましょう。面白半分に口外するのは厳禁です。

ごちそうになったら必ずフォローを

上司や先輩に食事をごちそうになったときは店を出てから「ごちそう様でした」とお礼を言いましょう。また翌朝出社してからのお礼も忘れずに。

「おはようございます。昨日はごちそう様でした」
「楽しかったですね。また連れて行ってください」

昨日はごちそうさまでした

Point

酒席ではでしゃばらずにさりげなく歓談に加わりましょう。会話に入っていけないときは、あいづちをうって話を聞いているだけでもかまいません。

誘い上手、誘われ上手になる

目的がわかる誘い方を

突然「今日、予定ある？」と聞かれたら、誰でも警戒心を持ってしまいます。何のために誘うのかを明確にしてからのほうが相手も返事がしやすくなります。

「フレンチのおいしいお店みつけたんだけど、行かない？」
「スポーツクラブの無料体験チケットもらったんだけど、一緒にどう？」
「ちょっと飲みに行かない？ワリカンだけど」

スキの見せ方がうまい人は"誘われ上手"

誘われ上手の人は、自分の弱みをさりげなく見せることができる人です。ちょっとしたスキや弱みを見せられる人は、守りの堅い人よりも誘いやすいと感じさせるのです。

「私、一人暮らしだから週末はやることがなくて」
➡「じゃあ、家に遊びにこない？」
「最近、仲のよかった友達が結婚してしまって、遊び相手がいなくなっちゃった」
➡「今度一緒に○○に行かない？」
「今晩何を食べようかしら？」
➡「よかったら一緒に食事していかない？」

相手のニーズを見逃さない

相談に乗って欲しそうな同僚、ミスをして落ちこんでいる部下、最近忙しくてあまり話をしていない上司…など、相手のコミュニケーションへのニーズを感じ取るのも大人の女性の気配りです。

断り上手になる

お酒のすすめを断るには…

お酒をすすめられてもそれ以上飲めないときは「もう十分いただきました」とスマートに断って。片手をグラスにかざして動作で表現してもいいでしょう。

セレブのPoint Lesson

Q カラオケでつまらなそうな上司には？

A 上司と一緒にカラオケに行った場合は、上司を立てる気遣いが大切。特に部下との年齢差があるときは、上司だけ場の雰囲気になじめず楽しめないかもしれません。「何か歌わないんですか？」と声をかけて。本人が遠慮しても「好きな歌手を教えてください」「好きなジャンルは何ですか？」と相手の興味を引き出しましょう。全員が心地いい時間をすごすための気配りを。

苦手な相手からの誘いには…

気乗りのしない相手からの誘いには丁寧に断りをいれましょう。

「今日はちょっと体調が悪くて…」
「先約があるので」

上司からのお誘いは…

誘いを断るときには、きちんと理由を伝えましょう。「今日はちょっと…」と言葉を濁すといやがっているように受け取られるので気をつけて。

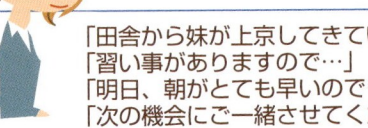

「田舎から妹が上京してきているので…」
「習い事がありますので…」
「明日、朝がとても早いので…」
「次の機会にご一緒させてください」

advice 「上司の誘い＝おごり」と考えるのはNG。「おごる」と言われた場合は「お言葉に甘えて」と素直に受けてもOKです。

column 5　セレブスタイル流　コーチング術

自分を知って、コミュニケーション上手に

　コーチングとは、コミュニケーションマナーをみがくこと。いろいろな会話を通して、コミュニケーションの力を引き出し、問題や目標をはっきりさせて、さらにレベルアップさせてゆくものです。
　コーチと行ったり、グループで行ったり、さらに自分自身とのコミュニケーションをはかるセルフコーチングなどによって、コミュニケーション・スキルをみがきます。
　70ページの人に好かれる技術の実践版とも言えますが、大切なのはいろいろなコミュニケーションを通して自分を知ること。自分を知って、どうすればレベルアップできるかを考えることです。また、実際のコミュニケーションの場では、人の話をよく聞くこと。話を聞くスキルは、コーチングにおいて、とても重要です。

毎日手軽に実践できるコーチング術

聞くスキルを磨く

pace down

［ペーシング］相手の口調、動作を真似る。

これ素敵ね
ほんと素敵ね

［オウム返し］相手が言ったことを繰り返す。

どうして?

［促すあいづち］「それで？」「どうして？」など話を促す。

［沈黙］黙って相手の話を聞く。

自分の宝探し

紙とペンを用意し、自分の得意なこと、自信を持っているところ…などを、できるだけたくさん書き出してみましょう。自分とコミュニケーションを図り、自分をさらによく知る手がかりに。

my treasure ・・・

知りません
わかりかねますが

言いかえの練習をする

同じ内容のことでも、否定的な言い回しと肯定的な言い回しでは、その人の印象もまったく違います。否定的な言い方を挙げてみて、肯定的な言い方に変える練習をしてみましょう。

Part 5
贈答・冠婚葬祭のマナー

■センスのいい贈り物
■【ケース別】贈り物の選び方とタイミング
■お礼状の書き方
■お礼状をセンスアップするコツ
■訪問先でのマナー
■フォーマルな場での装い（慶事）
■結婚披露宴でのエレガントなふるまい
■フォーマルな場での装い（弔事）
■通夜・告別式でのふるまい

センスのいい贈り物

贈り物は、相手に対しての気持ちをあらわすことが大切。贈られる側が喜んでくれる物を選び、気のきいた演出でイメージアップしましょう。

贈り方のポイント

センスのいい贈り物をするためには、ふさわしい物や銘柄について、知識を得ておく必要があります。日頃から雑誌やカタログ、ショッピングの機会を通して情報を収集しておきましょう。

タイミングをはずさない

誕生日や記念日、クリスマスのプレゼントなどは当日手元に届くのがベストです。宅配便の指定日配達を利用してもいいでしょう。

サプライズを贈るのも効果的

ときには、相手を驚かせる演出を。意外性のある演出は強く印象に残ります。

心に残るサプライズプレゼント

- 相手の（あるいは二人の）思い出の品物を贈る。
- 初めてデートした場所に行く。
- 誕生日のことをまったく匂わせずに、パーティーを企画してビックリさせる。

「喜ばれる物」であることが大切

どんなに高価でも、相手に気に入ってもらえなければ意味がありません。たとえ安価でも、機能的で役に立つ物のほうが喜ばれる場合も。

お花をもっと活用

何を贈ったらいいか迷ったときは、お花を贈るのもいいでしょう。プチブーケやフラワーアレンジメントなども。

お歳暮をクリスマスプレゼントに

親戚や知人には、お歳暮がわりにクリスマスプレゼントを贈るのも気がきいています。相手の趣味や好みに合わせた物を贈りましょう。

気をつけて！ NG manner

●贈られる側が負担にならない物を

あまりにも高価な物を贈ると、相手が負担に感じます。特に、結婚祝いや出産祝いなどのお返しが必要な場合は、どんな物をお返しに選べばいいか迷ってしまうことも。

［避けたほうがいい物］

銘入りの壺や置物
絵画　掛け軸　書
家具調度品

贈り物をセンスアップさせるコツ

メッセージカードがモノを言う

品物だけでなく、必ずカードを添えて、相手に気持ちを伝えましょう。贈られた側もメッセージがあればうれしいはず。

目上の人には、白の便箋と封筒で手紙を添えるのが礼儀です。

ラッピングもプレゼントのうち

おしゃれなラッピングも贈り物を引き立たせます。気に入ったラッピングペーパーやリボンを使ってチャレンジしてみましょう。

Point

贈答の機会が増えると、いつ、誰に、何を贈ったのかわからなくなることも。「贈答リスト」を作れば、以前喜ばれた品物もひと目でわかります。

品選びのポイント

アイデア編

自分では買わない物

いま話題の家電製品など

写真集や美術館の図録など、眼の保養になる物

腕に自信があれば自作にチャレンジ

小物作りやお菓子作りに自信があれば手作りの物でもＯＫ。オリジナルの贈り物は新鮮な印象ですし、真心を伝えるには最適です。

衣類や食器、食品など実用的な物がベター

相手の趣味をアレンジ

相手の趣味に合わせて、少し目先をかえた物を。絵が好きなら絵画のレプリカを、料理好きなら有名な包丁セットなどを選んでみては。

実　用　編

消耗品や金券は便利

コーヒーや紅茶は使用頻度が高いので喜ばれます。なるべく高級な物を選ぶのがポイント。家族が多い家庭なら、洗剤、食用油、商品券、ビール券などすぐに使える物もいいでしょう。

カタログギフトは内容を吟味

相手に好きな物を選んでもらえるメリットがあります。価格帯だけで選ばずに相手の嗜好に合ったコースを選ぶと、より気配りを感じさせます。

消え物もOK

産地直送の有名食材、地方の銘菓、高級食材セット、お子さんがいる家庭ならジュースやデザートの詰め合わせなどもおすすめ。生鮮品を贈るときは、先方が確実に在宅している日時を選びましょう。

セレブのPoint Lesson

Q 贈り物にタブーはある?

A 昔から、はさみ、包丁など「切れる」を意味する物は良くないとされています。ほかにも花瓶、鏡、陶器なども、「割れる」「こわれる」という意味から縁起が悪いといわれています。本人の希望がない限りやめましょう。

贈り物の品数、金額にも配慮を

昔から慶事には「割り切れない→別れない」の意味から奇数、弔事にはその反対の偶数というルールがあります。

●避けるべき数字●
凶数である4(死)や9(苦)、13は不吉な数字なので弔事慶事ともにふさわしくありません。

●めでたい数字●
結婚祝などは吉数の3、5、7、8が一般的。ただし、ペアや半ダース、1ダースは、一組としてカウントするので奇数扱い。

バレンタインは相手の好みに合わせて

バレンタインはチョコレートにこだわることはありません。お酒好きなら誕生年のワイン、小物に凝る相手なら遊び心のある時計、パソコンが趣味ならマウスやマウスパッドなど、心を引きつける贈り物を。

advice 一人暮らしの人に大量に生鮮食品を贈ったり、お酒を飲まない人にお酒を贈るのは迷惑なので注意して。

ケース別

贈り物の選び方とタイミング

贈り物はその名目によって贈る時期や適している品物が異なります。相手との関係を円滑にするためにも基本的なマナーを身につけて、「贈り物上手」になりましょう。

出産祝い

[贈る時期] 出産2〜3週間後

少し大きめの子供服やアルバム

出産直後は多くの人からお祝いをもらうので、新生児用品は重複しがち。衣類なら、2、3歳児用の物や、よだれかけのようにいくつあっても重宝する物を。アルバムも喜ばれます。

ママのためのグッズ

出産祝いというと赤ちゃんの物を、と考えがちですが友人が出産したときはねぎらいの気持ちをこめて、記念になる物や実用的な物をママにプレゼントするのもいいアイデアです。

結婚祝い

[贈る時期] 結婚式の1週間前ぐらいまでに

披露宴やパーティーに出席するなら、相手に気を遣わせないために友人と連名で品物を贈っても予算を伝えて、ほしい物をリクエストしてもらうと無駄がありません。

すぐに使う物を贈る

本人が必要な物を贈る

昔から結婚のお祝いにはタブーとされている物がありますＦ→111ページ。ただ、最近では、はさみや包丁も「運を開く」という意味でOKという風潮も。しきたりにとらわれず、相手が希望する物を贈りましょう。

セレブの Point Lesson

Q お中元やお歳暮を初めて贈るとき、やめるときはどうしたらいい？

A お中元やお歳暮を初めて贈るときに気をつけたいのは、贈るタイミングをのがさないこと。表書きや送り状で名目を明確にすることです。お中元を贈った相手には必ずお歳暮も贈りましょう。お中元・お歳暮は贈り始めたら継続して贈るのが基本ですが、だんだんおつきあいが疎遠になったらやめてもかまいません。

お中元、お歳暮をやめる手順

1. まずお中元をやめてお歳暮だけにする。
2. 翌年はささやかな物をお歳暮がわりに贈る。
3. お歳暮を贈るのをやめる。

Point

どんな品物を贈ったらいいか迷ったときは商品券やギフト券でもOK。気がひけるというときは「重なってはいけないので」「お花代として」など言葉を添えればいいでしょう。

昇進祝い

[贈る時期] 人事異動、配属がえの辞令後

身の周りの小物で高級品を

知らせを聞いたら１週間以内に品物を贈りましょう。定期入れや名刺入れのほか、万年筆や置時計や絵画といったデスクまわりに飾れる物で高級な品がベター。転任する場合は赴任先に送っても。

飲める方にはお酒を

祝杯用に自分では買わないような高級ウイスキーやワイン、おめでたい銘柄の日本酒が喜ばれます。

お見舞い

[贈る時期] 病人や家族に事前に連絡した上で

花ならかご盛りがベター

香りのきつくない花が無難。アレンジメントをかご盛りにしてもらえば生ける手間がはぶけます。

病気見舞いならヒマをつぶせる物を

病気やケガで入院しているときは、退屈なもの。ヒマつぶしになるような趣味の本や雑誌、ＣＤ、テレホンカード、図書券などの品物が最適です。

好みの品がわからなければ

３千円〜１万円を目安に贈りましょう。会社関係で連名なら一人３千円程度が目安。ただし、目上の人に現金を贈るのは避けます。水引は紅白の結び切りを使う場合も。

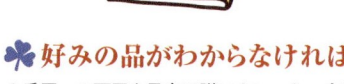

新築祝い

[贈る時期] 招待されたら前日までに

新築披露に招かれたら贈る

本来、新築披露は、新築祝いのお返しとして行われるものなので、招かれた日よりも前に届けるのがマナーです。当日持参する場合はそっと手渡すのがスマート。

何かと物入りなので、現金や商品券でもＯＫ。５千円〜１万円を目安に。

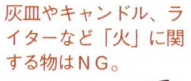

灰皿やキャンドル、ライターなど「火」に関する物はＮＧ。

かさばらない室内装飾品を

本人の希望を聞いてから選びましょう。観葉植物やマガジンラック、傘立てなどがいいでしょう。人気のあるインテリア雑貨のカタログから選んでもらうのも喜ばれます。

退職祝い

[贈る時期] 退社の３日〜１週間前

新しく職につく場合

定年退職後も再就職する人には、職場一同として、ネクタイやカバンなどビジネス用の物を贈りましょう。

目上の人に靴下を贈るのはＮＧです。

直接伺うなら退職後落ち着いた頃に

特にお世話になった方なら、自宅に直接伺って品物を贈りましょう。その場合は退社後１か月を目安に訪問して。「これからの人生を楽しんでください」という意味をこめて趣味に関する物を贈るといいでしょう。

advice 入院時は食事制限されている場合もあるので、食べ物をお見舞いの品に選ぶのは避けましょう。

お礼状の書き方

贈り物をいただいたときはお礼状を出すのが大人のマナーです。
目上の人に出すときにはきちんと形式をふまえた手紙を書くのが礼儀です。

一般的なお礼状の例

お礼状はタイミングをのがさずに

贈り物をもらったり、お世話になったときはお礼状を書くのがマナーです。感謝の気持ちを伝えるためには、早めに出すこと。贈り物が届いてから３日以内には出すようにしましょう。

あらたまったお礼状

拝啓
今年も残り少なくなり気ぜわしい季節となりました。
さて、先日はお招きにあずかり
本当にありがとうございました。
ときがすぎるのも忘れ、ついつい長居をしてしまい
ご迷惑でなかったかと案じております。
時節柄、風邪など召されませんように
お気をつけください。まずはお礼まで
敬具
一二月一三日　中村和子
田中一郎様

カジュアルなお礼状

Thank you
とても素敵なアクセサリーを
どうもありがとう。
あなたのセンスの良さには、
いつも感心させられます。
今度会うときにつけていきますね。
寒くなってきたので、
風邪をひかないようにしてね。

いろいろなお礼状

お見舞いのお礼

このたびは大変ご心配をおかけしましたが、おかげ様で先週退院してまいりました。ご丁寧なお見舞いをいただき、まことにありがとうございました。入院中は職場の皆様に多大なご迷惑をおかけいたしまして大変申し訳ございませんでした。本日ささやかな快気祝の品を別送いたしました。ご受納ください。

新築祝いのお礼

このたびはお祝いの品を頂戴いたしまして、誠にありがとうございました。いただいた○○はリビングのいちばん見やすいところに飾ってあります。今後とも末永くよろしくお願い申し上げます。まずは、お礼のごあいさつまで。

出産祝いのお礼

先日はお手紙とかわいい絵本をいただきまして、ありがとうございました。おかげ様で母子ともに無事退院し、順調にすごしております。末筆ながら、皆様のご健康をお祈りいたしております。まずはお礼まで。

結婚祝いのお礼

このたびは私どもの結婚に際し、結構なお祝いの品をいただきありがとうございました。頂戴いたしました○○は、新生活のスタートの記念として大切に使わせていただきます。まだまだ未熟な私たちですが、今後ともご指導くださいますようよろしくお願いいたします。まずは取り急ぎお礼申し上げます。

お餞別のお礼

私どもはこちらに転居してから１週間目を迎えようとしています。その節は過分なお餞別をいただきまして、深く感謝しております。皆様の温かいお言葉を胸に、こちらでの生活を始めようと思っております。遠く離れましてもいままで同様おつきあいのほど、お願いいたします。

Point

親しい友人や兄弟・姉妹にあてた手紙には、形式にとらわれるとかえってよそよそしい印象に。自分流の文章で感謝の気持ちを伝えたほうが自然です。

手紙のルール

時候のひと言

- 1月 寒さ厳しい今日この頃ですが
- 2月 梅のつぼみもふくらみ始めましたが
- 3月 日ごとに春めいてまいりましたが
- 4月 花々の咲きそろう季節となりました
- 5月 青空がすがすがしい今日この頃
- 6月 衣がえの季節となりました
- 7月 猛暑続きの毎日ですが
- 8月 日中はまだ暑さ厳しい折
- 9月 ようやくしのぎやすい季節となりました
- 10月 いよいよ秋も深まってまいりました
- 11月 落ち葉が舞う季節となりましたが
- 12月 今年も残すところ、あとわずかとなりました

手紙の書き方には基本的な形式があります。親しい間柄ならば、それほどこだわる必要はありませんが、目上の人に対しては丁寧に、適切な用語を使いましょう。

古めかしさが新鮮な「頭語」と「結語」

頭語は最初の、結語は最後のあいさつのこと。ふさわしいものが組み合わせになっています。「かしこ」だけは例外で、女性だけが使える結語。どの頭語に対しても使えます。女性の場合は頭語がなくても「かしこ」だけでもOK。

頭語	拝啓	前略	前略ごめんくださいませ 一筆申し上げます
結語	敬具	かしこ	ごめんくださいませ

忌み言葉に注意

[結婚に関するもの]
去る・出る・帰る・切れる・離れる・こわれる・破れる・冷える・重ねる・たびたび・重ね重ね・かえすがえす・心配など

[出産に関するもの]
薄い・流れる・死・苦労・破れる・不幸・病気など

[お見舞いに関するもの]
枯れる・衰える・困る・倒れる・病気・やっかい・死など

[葬儀に関するもの]
繰り返し・重々・相次いで・重ねてなど

知っておきたい前文と末文の言葉

[前文]
- お元気でおすごしのことと存じます。
- 皆様お元気でいらっしゃいますか。
- お変わりございませんか。
- お身体の具合はいかがですか。

[末文]
- 時節柄、くれぐれもご自愛のほどをお祈り申し上げます。
- お会いできる日を楽しみにしております。
- まずは右お礼まで。
- まずは取り急ぎお礼申し上げます。

セレブのPoint Lesson

Q あらたまった手紙はどの順番で書けばいい？

A 手紙文は前文、主文、末文、後付で構成されています。この形式をふまえた上で、相手に気持ちを伝えましょう。

前文 時候のあいさつ、相手や自分の安否

主文 その手紙の目的、用件

末文 自愛・繁栄を祈る言葉、結びのあいさつ、結語

後付 日付、署名、宛名

主文に入る際は、一字下げて「ところで」「さて」などの起語を入れてわかりやすく。後付にはまず自分の署名があり、そのあとに宛名を書きます。宛名は大きめに、日付よりもやや上に書きましょう。文章の基本は「です」「ます」をつけた敬語に。

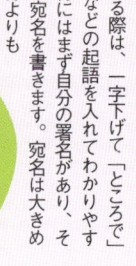

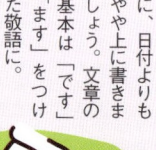

お礼状をセンスアップするコツ

お礼状も単に気持ちを伝えるだけでなく、ひと工夫を。オリジナリティーあふれるものは強く印象に残ります。

封書＆カード

封書とハガキの使い分け

［封書が適している場合］

- 目上の人からきた手紙への返事
- お願いごとやお詫び

［ハガキが適している場合］

- 近況を報告するあいさつ状やお礼状
- 既婚男性へ出す手紙

便箋は上質な和紙を

目上の人へのあらたまった手紙には、縦長の白い便箋と封筒を使いましょう。上質の和紙がベストです。

一筆箋も使いやすいので常備して

ちょっとした贈り物やお礼に添えるなら、メッセージカードのかわりに一筆箋もおしゃれ。形式を気にしないで用件だけ書けばＯＫです。

記念切手や花の切手で彩りを添える

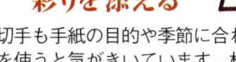

切手も手紙の目的や季節に合わせた物を使うと気がきいています。相手の趣味に合わせた記念切手も喜ばれます。

絵ハガキの利用も

旅先から送られるのが一般的な絵ハガキを、もっと活用しましょう。受け取る相手も楽しい気持ちになれますし、文章を書くスペースが少ないのでラクというメリットがあります。

封筒に凝ってみる

和紙や古風な柄、ビビットな色の物などでおしゃれに。事務用の茶封筒や会社名の入った封筒は親しい間柄でもＮＧです。

基本は万年筆だが…

筆記用具は万年筆が基本ですが、水性ボールペンやフェルトペンでもＯＫです。気のおけない友人にはマーカーやサインペン、ときにはスタンプやシールを使って個性的に。

手作りのカードを送る

手漉き和紙の本格派からクラフトまで何でもＯＫ。雑誌の切り抜きをレイアウトしたり、パソコンを利用してデザインを構成するのもいいでしょう。

Point

手紙は書きたいと思ったときに、すぐに書くのがベスト。そのためには封筒、便箋、絵ハガキなどのアイテムをひと通りそろえておきましょう。

お礼のしかたアラカルト

品物で

メッセージを添えて

お礼の言葉と近況などを記したメッセージを同封して。ただし、香典返しには形式的な礼状のみを。

FAXで

イラスト入りのFAXも効果的

多忙でなかなか家にいない相手にはＦＡＸがおすすめ。直筆のイラストを入れて楽しいイメージに。文章もあまり堅苦しくないほうがベター。ただし、目上の人には避けて。

メールで

携帯メールなら遊び心を添えて

友人へのお礼は携帯メール使ってもＯＫ。喜んでいる自分の顔を写真に撮って添付したり、うるさくない程度に絵文字を使用して気持ちを表現しましょう。

パソコンなら、軽いお礼に最適

ちょっとした物をもらったときは、Ｅメールでお礼するのもよいでしょう。件名は内容が伝わるものにして、文章を読みやすく書きましょう。

［お返しが必要な場合］

出産・結婚祝い、病気見舞い、香典をいただいた場合は、お返しの品を送ります。いただいたお祝いの半分から３分の１ぐらいを目安に品物を選びましょう。

［お返しが必要でない場合］

お中元・お歳暮、お餞別などには基本的にお返しは不要。気が引けるなら、近況を記した手紙かハガキを送ったり、旅行先からのちょっとしたお土産を贈るなど、相手に気を遣わせない配慮を。

電話で

感激をそのまま伝える

贈り物をいただいたら、すぐに電話をかけましょう。うれしい気持ちを直接伝えれば、相手も喜んでくれるはず。

ハガキで

すぐにお礼状を書くと好感度アップ

贈り物をいただいたときに限らず、おもてなしを受けたときもお礼状を書きましょう。どんなふうにうれしかったのか、具体的なエピソードを記すと心が伝わります。

セレブのPoint Lesson

Q 美しい表書きのコツは？

A 表書きにもバランスよく美しくみせるコツがあります。

封筒の表書き

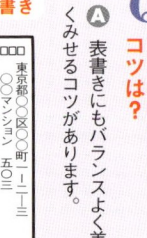

1. 住所は宛名より小さめの字で、郵便番号枠の下4けたの幅におさめる。2行目は1行目より少し下げる。
2. 数字はすべて漢数字で書く。
3. 宛名は封筒の中央に、住所より大きめの字で書く。郵便番号の枠の左端よりはみ出ないように注意。

ハガキの表書き

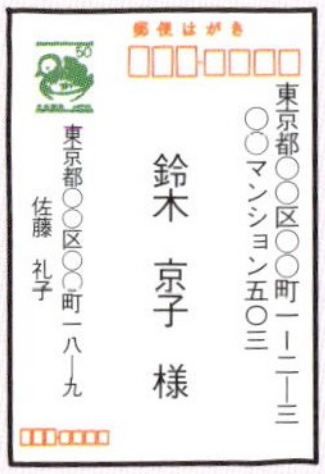

1. 住所はなるべく2行以内にする。
2. 宛名は中央よりやや右寄りの位置に大きく書く。
3. 差出人の住所、名前は切手の幅におさまるように、宛名よりも小さい文字で書く。

訪問先でのマナー

個人宅を訪問するときには「礼儀正しく美しく」が基本マナー。美しい身のこなしと作法を身につけておけば、招かれる側も招く側も気持ちがいいものです。

訪問先でのふるまい

事前に電話や手紙で訪問の用件を伝え、先方の都合を聞いてから日時の相談を。時間帯は食事どきを避けて、午前なら10時〜11時、午後なら2時〜4時ぐらいが無難です。

入る前に身だしなみの確認を

玄関に入る前に髪の乱れ、靴の汚れなど身だしなみのチェックを忘れずに。雨の日の訪問では傘の水気を切り、バッグやコートは拭いておきましょう

コートを脱いでからチャイムを

コートや手袋、マフラーなどはチャイムを鳴らす前に脱いでおくのがマナーです。

苦手な食べ物を出されたら…

用意ができている場合は、遠慮せずにいただきます。たとえ苦手な物が出されてもアレルギーの場合以外は、口をつけた料理を残してはいけません。

靴は脱いでから向きをかえる

正面を向いて靴を脱ぎ、相手にお尻を向けないようにやや斜めの体勢でひざをついて靴の向きをかえましょう。

帰り際のマナー

玄関で「コートをお召しください」と言われたら、相手から少し斜めに向いて着ます。

少し歩いてからふり返り、もう一度軽く会釈をします。

おいとまのタイミング

訪問してから1時間ぐらいを目安に失礼しましょう。お茶を入れかえてもらったとき、話が途切れたときに「これをいただいたら失礼します」「そろそろ失礼します」と切り出して。先方からひきとめられても失礼のないように辞退して。

年始回りは玄関先で

年始回りは会社の上司や実家など、日頃お世話になっているお宅に前年のお礼と今年のあいさつをするものです。元旦は避け、午後の早い時間に伺い玄関先であいさつを。すすめられても家に上がって長居するのはNGです。お歳暮を贈っていない場合は「御年賀」として菓子折りを持参しましょう。

席次に気をつける

洋室

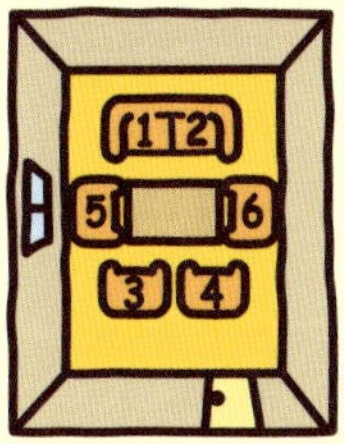

出入り口から遠い席が上座。いちばん上座はアームチェアになります。

和室

床の間がない場合は、出入り口から遠い席が上座です。

Point

訪問するときのファッションは、派手すぎないスーツやワンピースがベター。ミニスカート、肌の露出の多いデザイン、カジュアルすぎる服装はNG。素足は失礼なので必ずストッキングを履いて。

風呂敷のおしゃれな使い方

風呂敷はどんな形の物でも包むことができて、なにより品があります。あらたまった訪問でのお土産やお祝いを持参するときは、風呂敷に包むのが正式。

お使い包み

もっとも一般的で菓子折りなどの四角い物を包むときに使われます。

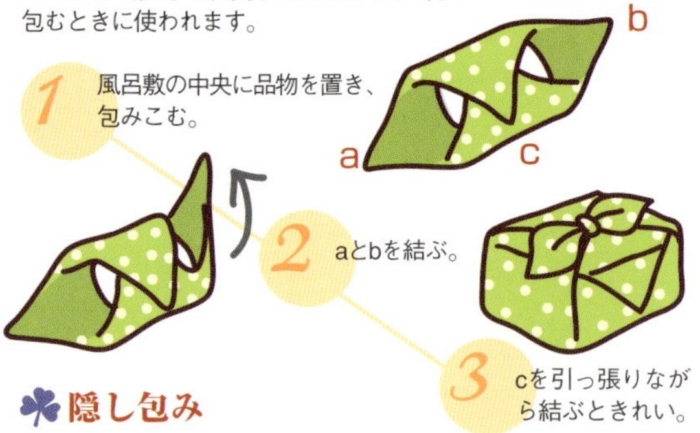

1 風呂敷の中央に品物を置き、包みこむ。
a
b
c
2 aとbを結ぶ。
3 cを引っ張りながら結ぶときれい。

隠し包み

結婚に関する贈り物に適しています。結び目を隠した包み方。

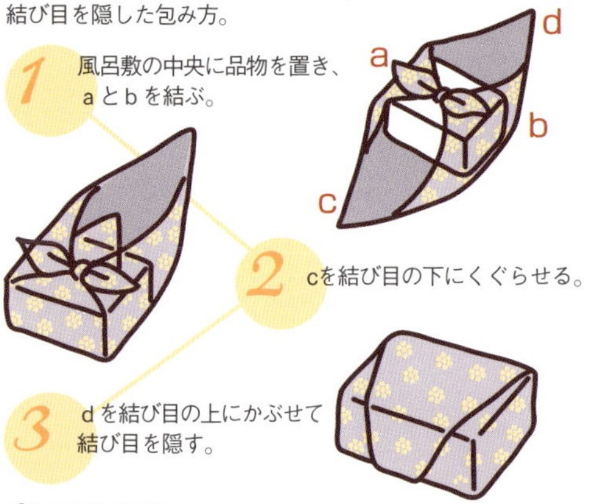

1 風呂敷の中央に品物を置き、aとbを結ぶ。
a
b
c
d
2 cを結び目の下にくぐらせる。
3 dを結び目の上にかぶせて結び目を隠す。

びん包み

ワインや日本酒を包むときに。びんの大きさに合わせたサイズで。素材は木綿が最適。

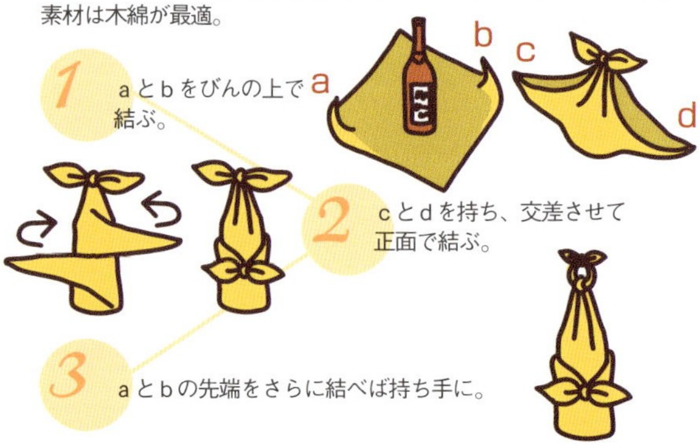

1 aとbをびんの上で結ぶ。
a
b
c
d
2 cとdを持ち、交差させて正面で結ぶ。
3 aとbの先端をさらに結べば持ち手に。

手土産

お土産は家族構成を考えて

お土産は訪問先の家族構成を考えて選びましょう。年配の方には量よりも質を重視して。お子さんがいる家庭にはお菓子や果物でもOKです。

玄関で渡したほうがいい物

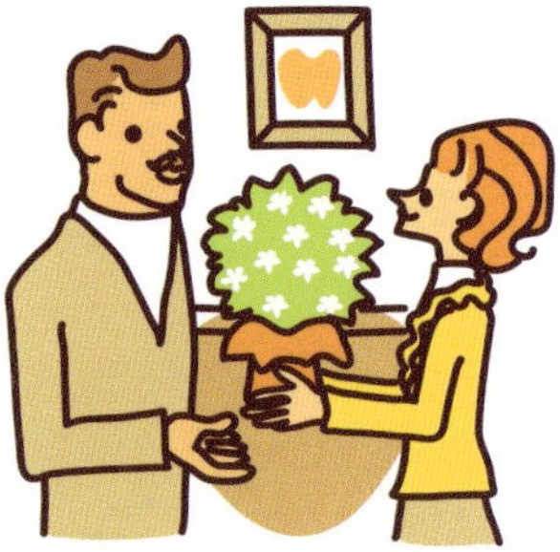

手土産は基本的に部屋に通されてから渡すものですが、生花や冷蔵、冷凍の品物は玄関で渡すのがベスト。渡すときに「お水につけていただけますか」「アイスクリームですので」とひと言添えて。

「つまらない物ですが」はNG

謙遜のつもりで「つまらない物ですが」と言いながら渡す人がいますが、これはNG。持参した手土産がお茶菓子として出される場合もあるので、かえって失礼になりかねません。「お気に召すといいのですが」「甘い物がお好きと伺ったので」という言い方がベター。

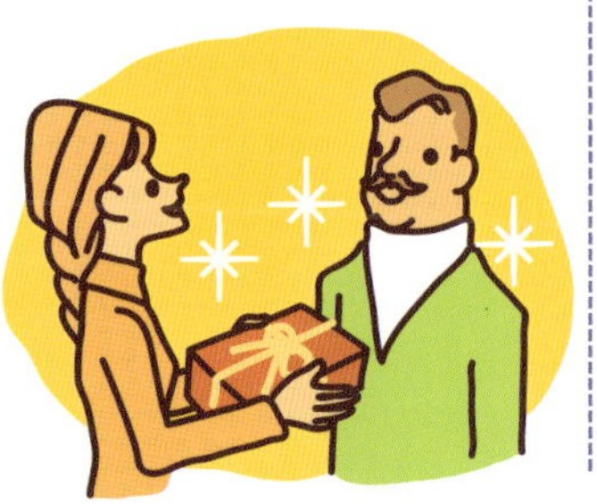

セレブのPoint Lesson

Q お客様を迎えるときに気をつけたいことは?

A 前日のうちに掃除をすませておきましょう。客間、玄関、洗面所、トイレなどお客様が使うところは特に念入りに↓80ページ。当日は部屋のにおいにも配慮して、空気の入れかえも忘れずに。飲み物、お茶菓子、おしぼりは訪問時間の15分前までに準備し、お客様にすぐ出せる状態にしておきます。

フォーマルな場での装い（慶事）

招待されたときの服装は、結婚式および披露宴の形式、会場や時間によって違ってきます。ＴＰＯをわきまえた装いを心得ておきましょう。

洋装

結婚式やパーティーに招待されたときの礼装は、時間や場所によって違ってきますが、昼は清楚で控えめに、夕方からは豪華で華やかにが基本です。

夜の披露宴

夕方から夜にかけての披露宴では、胸や背中のあきが大きい華やかなカクテルドレスを。レースやベルベット、ラメ入りやサテンなどの光る素材でもＯＫ。
ただし、挙式に列席する場合は、ストールやジャケットをはおるのがマナーです。

［アクセサリー］ボリュームのあるゴールドやシルバー、ダイヤ、エメラルドなど華やかで光る物。

［バッグ］ビーズ、エナメル、光沢のあるサテン、金銀。

［靴］光沢のあるサテンなどの布製が正式。エナメルでもいい。

昼の披露宴

一般的な披露宴ではアフタヌーンドレスを着用。落ち着きのある色で肌を出さない清楚なデザインで、長袖が基本です。ワンピースが正式ですが、スーツ、アンサンブルでもかまいません。白一色は避けましょう。

［アクセサリー］パールや小粒の宝石、コサージュなどの控えめなタイプを。垂れるタイプのイヤリングはＮＧ。

［バッグ］素材はカーフなどの布製。小ぶりで、なるべくかかえるタイプを。

［靴］バッグと共布がベスト。プレーンな皮製のパンプスでもOK。

平服のとき

「平服で」と指定されたら、アンサンブルやツーピースのスーツを。アフタヌーンドレスよりもファッショナブルなデザインでOK。

アクセサリーやバッグは、流行を取り入れたタイプでOK。靴は服と調和したものを。ブーツは避けて。

Point

結婚式や披露宴での装いは「主役（新婦）を引き立たせる」のが原則です。必要以上に華美にするのはＮＧ。品格を備えた装いが基本です。

和　装

既婚・未婚によって決まりがあります。準礼装の訪問着は既婚・未婚の別なく着られますが、正礼装は既婚か未婚かで違ってきます。

既婚の場合

留袖や、明るく華やかな色無地が一般的。訪問着も社交用の着物として着用することができます。

未婚の場合

振り袖か訪問着が一般的。ただし、大振り袖は新婦が着る可能性があるので避けたほうが無難です。

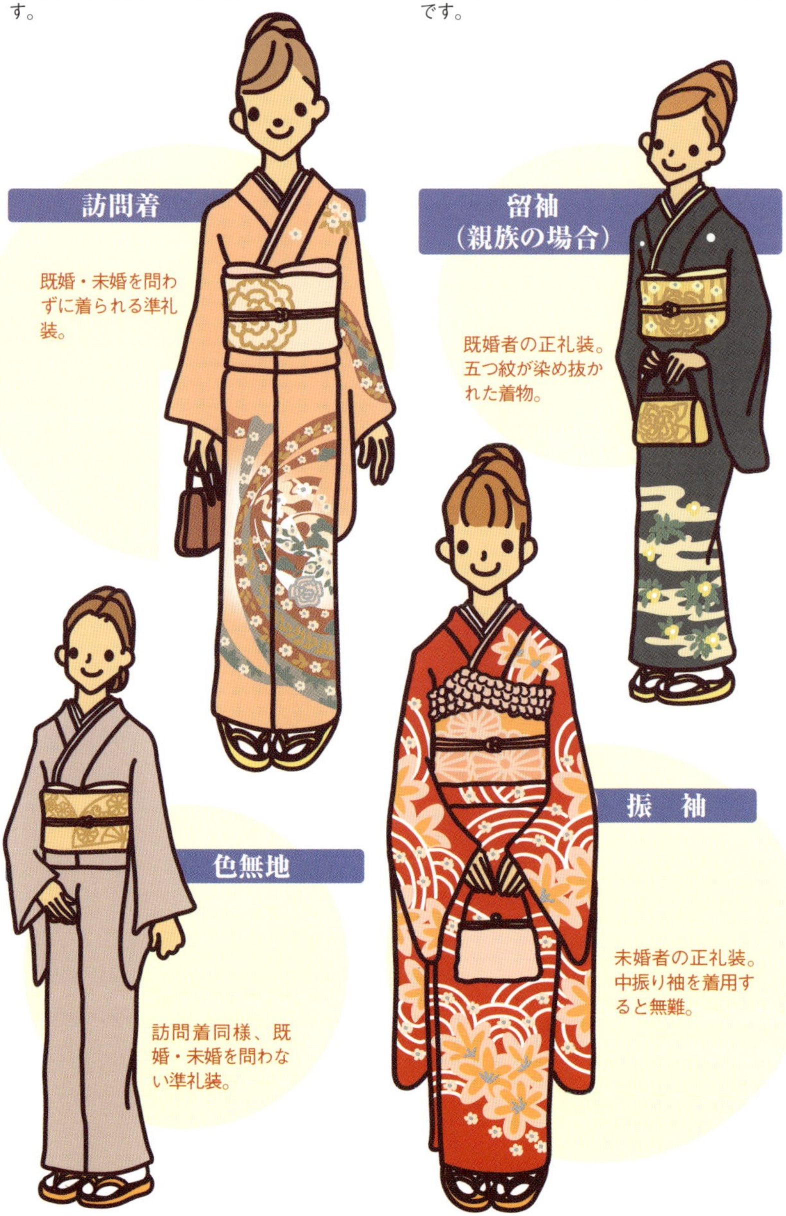
訪問着
既婚・未婚を問わずに着られる準礼装。
留袖
（親族の場合）
既婚者の正礼装。五つ紋が染め抜かれた着物。
色無地
訪問着同様、既婚・未婚を問わない準礼装。
振　袖
未婚者の正礼装。中振り袖を着用すると無難。

小物の選び方

礼装には帯締め、ぞうり、バッグなどの小物は金糸銀糸で華やかに。若い女性の場合は、バッグはビーズ製の物でもかまいません。帯揚げを白にするとフォーマルな印象に。

帯の柄の選び方

お祝いの席なので、おめでたい柄（鳳凰、鶴、御所車など）や季節に合った柄を選びましょう。帯は必ず袋帯で、金糸銀糸の物を。

伊達えりで華やかに

着物姿を華やかにしたいときに使う別えりです。おめでたい席なら、色・柄物を選んで。

結婚披露宴でのエレガントなふるまい

披露宴では、雰囲気を盛り上げるために積極的に協力を。また、幅広い年齢層が招待されているのでマナーに気をつけて、くれぐれも失礼のないようにふるまいたいものです

列席者のふるまい

テーブルを盛り上げるのは自己紹介から

知らない人とテーブルが一緒になったときは、まず自己紹介をして新郎・新婦と自分との関係を説明し会話のきっかけをつかみましょう。

常に笑顔&拍手で

笑顔と拍手で新郎新婦を心から祝福している気持ちをあらわし、当人たちをほめましょう。

[ふさわしくない話題]	[披露宴にふさわしい話題]
●当人たちの悪口や批判	●新婦のドレスに関すること
●昔の異性関係や暴露話	●新居、新婚旅行など

テーブルマナーQ&A

(基本のテーブルマナーは、→30～31ページ を参考に)

Q 隣の人のパンを取ってしまったら?

A パンは左側に置いてあります。隣の人のパンを食べてしまったら、あわてずに係の人を呼んで新しいパンをお願いして。

Q 同じテーブルの人にお酌をしたほうがいい?

A お酒を他の人に注ぐのも、自分が注いでもらうのも洋風披露宴ではマナー違反。接客係にお願いすること。

Q おめでたい席の乾杯ではグラスをあわせる?

A 周りの人とグラス同士を合わせないこと。グラスを軽く持ち上げるぐらいがスマートです。

Q 食べるペースはどのくらい?

A 食べるときのペースは早すぎてはみっともないもの。かといって遅すぎると式の進行を遅らせることにもなりかねません。周りに合わせた程よいペースで。

Q 中座のタイミングは?

A 中座はなるべく控えるのがマナー。やむを得ない場合に中座するときは歓談中か来賓以外のスピーチの最中に、目立たないように静かに席を立ちましょう。ケーキ入刀のときは絶対に避けて。

Point

久しぶりに友人と会ったからといって、仲間同士でかたまっておしゃべりばかりはNGです。主役はあくまでも新郎新婦。披露宴に招待されていることを忘れずに。

お祝い

［お祝いの言葉］

受付で

「本日はおめでとうございます」と述べてから「新婦の友人の○○と申します」と、どちらに招待されたかを告げて。

控え室で

新婦には、必ず「おめでとう」のあいさつを忘れずに。時間が許せば軽い雑談もOK。緊張をほぐしてあげるのも列席者の務めです。

新郎・新婦に

主役の二人は大勢の招待客にあいさつをしなければなりません。どんなに親しくても長々と話しこまないのがマナー。

会場の入退場時のあいさつは、簡単にすませましょう。「おめでとうございます」のひと言でじゅうぶん。

ご両親に

「おめでとうございます。本日はお招きいただきましてありがとうございます」とあいさつを。

［ご祝儀］

ふくさの包み方

お祝い金の入った祝儀袋は、ふくさに包んでからバッグに入れましょう。ふくさの包み方は慶事と弔事では逆になるので気をつけて。

❶ 中央に祝儀袋を置く

❷ abcdの順で折る。
（弔事はdcbaの順で折る）

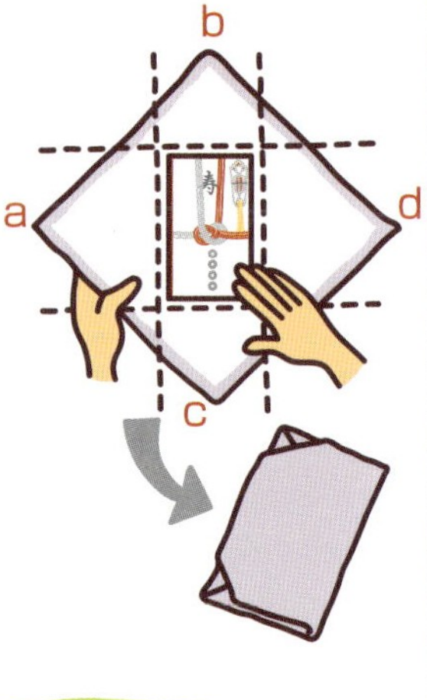

現金を贈るときは

現金を祝儀袋に入れ、現金書留の封筒に入れて送ります。ひと言お祝いのメッセージを添えるのを忘れずに。挙式の1か月前から遅くても1週間前までに届くようにしましょう。

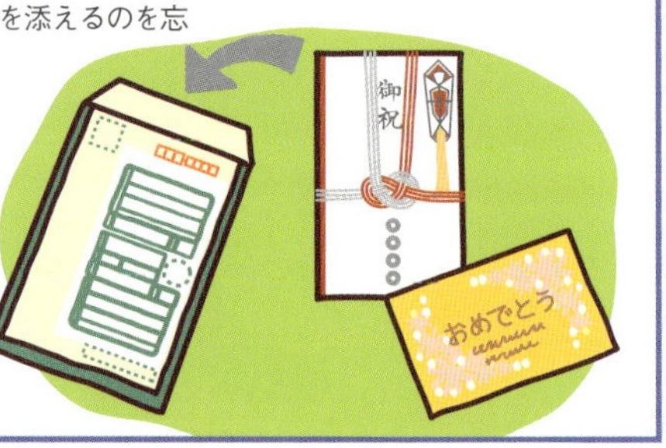

ここで差がつく

one rank up manner［ワンランクアップマナー］

●スピーチを頼まれたら

あらかじめ原稿をつくり、練習をしておきましょう。上手なスピーチのコツは簡潔でわかりやすい内容です。新郎新婦の人柄が伝わるエピソードを中心にしてポイントを絞ることが大切です。二人のなれそめを話すときには、必ず本人の了承を取ってから。

［ポイント］

- ●快く引き受ける
- ●新郎新婦の希望があれば聞く
- ●お祝いの言葉→自分と新郎新婦との関係→エピソード→はなむけの言葉で構成。
- ●忌み言葉に気をつける
- ●適度な長さで（3分以内）

advice 出席できないときは、ご祝儀やお祝いの品を贈るとともに、挙式当日に祝電を打ってお祝いの気持ちを伝えましょう。

フォーマルな場での装い（弔事）

通夜や告別式では故人を悼み、冥福を祈る気持ちを大切に、その場にふさわしい控えめな装いを。

一般弔問客

弔問客を迎える喪主や遺族、近親者は正礼装で臨みます。一般の弔問客は遺族よりも格が下の準礼装を着るのが基本です。

通夜

通夜に参列するときは「とりあえず駆けつける」という意味で喪服でなくてもかまいません。グレーや紺などの地味なデザインのワンピースやスーツを着用しましょう。ただし、光る素材や透ける素材は避けて。

告別式

黒のフォーマルウェアか黒無地のスーツで。ミニスカートやタイトスカートは避ける。ストッキングは黒か肌色に。

パールは必須ではない

通夜や告別式にはパールのネックレスを必ずつけなければいけないと思いがちですが、これは間違い。つけなくてもかまいません。

告別式

コート

黒、紺、こげ茶色の襟がつまったタイプを。レザー、毛皮、カジュアルな上着はＮＧ。

数珠とふくさ

数珠は仏教のものなので、キリスト教の葬儀の場合は不要。使わないときはポケットかバッグにしまうこと。ふくさは必ず持っていきましょう。

靴

黒の布製が正式。飾りのないシンプルなデザインを。エナメルやサンダルはＮＧ。

通夜

ヘア・メーク

髪はきちんとまとめる。髪飾りは黒のリボン、バレッタは可。メークは控えめに。ラメ入りのアイシャドー、ネイル、香水はNG。

アクセサリー

結婚指輪以外は基本的につけないこと。つける場合は一連のパールかオニキスを。

バッグ

小型で金具などがついていない布製のシンプルなタイプを。色は黒。光沢のない皮製でも可。

上着や荷物を入れるための折りたためるサブバッグを持っていくと便利です。

Point

コートや上着、ショール、帽子などは必ず受付の前に脱いでから式場に向かいましょう。告別式のときはよほど寒いとき以外はコートを着ないで手に持つのがマナーです。

遺族・親族

和装の場合は、黒無地染め抜き五つ紋つきです。帯や帯締め、帯揚げ、ぞうりなど、足袋と半襟以外すべて黒にします。洋装の場合は、黒無地のスーツ、ワンピース、アンサンブルが基本。

アクセサリーやバッグは控えめに

一般弔問客同様に、結婚指輪以外つけないのが正式。つける場合は一連のパールやオニキスを。二連は「不幸が重なる」という意味で不可。バッグは布製で飾りや金具がないタイプを。

洋装

襟

首のつまったタイプを。

袖

袖は長袖が基本。

スカート

スカートのひざ丈はひざ下５㎝が目安。

正座することが多いのでセミフレアが動きやすい。

セレブのPoint Lesson

Q 香典で気をつけることは？

A 葬儀や法要に使われるのは不祝儀袋です。金額はおつきあいの程度、立場によって違ってきますが「4」「9」「6」は避けて。また「あらかじめ用意していた」ようなものとして不祝儀袋に新札を入れるのはタブーとされています。弔事の水引は「不幸が二度とないように」という意味で結び切りを使います。

香典は、必ずふくさ→123ページ「ふくさの包み方」から出して名前を相手に向けて渡しましょう。

受付で名刺を出す場合は、左下の角を小さく折ってから渡します。

和装

着物

寒色なら色無地もＯＫ。

帯

黒い帯でも地紋に鶴亀などの柄はＮＧ。

貸衣装なら足袋や肌着を用意

正礼装の和服を借りる場合は、肌着、長襦袢、足袋は自分の物を用意しましょう。

advice 式場にクロークがない場合もあるので、大きな手荷物などはなるべく持って行かないほうがいいでしょう。

通夜・告別式でのふるまい

弔事のセレモニーでは作法に気をつけて、静かにふるまいましょう。多忙な遺族にかわって接客したり、雑事を引き受ける気配りも大切です。

訃報を受けたら・・・

一般的には通夜か告別式のどちらかに参列すればいいとされています。

［遺族から通夜の日程を知らされた場合］

●通夜、葬儀、告別式に参列。

［告別式の日程だけを知らされた場合］

●告別式の参列のみでOK。

準備すること

香典、数珠、ふくさなどの持ち物と喪服、黒のバッグ、靴を準備。

あいさつは目礼で

遺族に対してお悔やみの言葉を長々と述べるのはNG。あいさつも目礼するだけで気持ちは伝わります。

死因などは詳しく聞かない

興味本位で死因を聞いたり遺産の話をするなどの行為は、故人に対して失礼です。絶対にやめましょう。

宗派が違ってもOK

香典を入れる不祝儀袋は相手の宗派によって種類が違います。自分の宗派に合わせた不祝儀袋を使用すればいいでしょう。

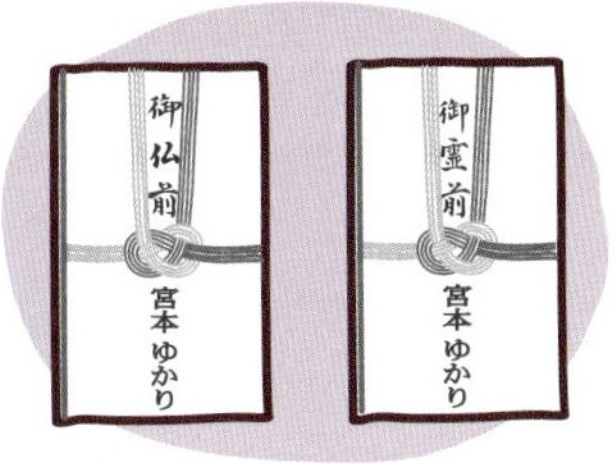

一般的には四十九日までは「御霊前」四十九日後は「御仏前」となります。

通夜ぶるまいは快く応じて

「通夜ぶるまい」は弔問に対するお礼と故人の供養のために設けられるもの。誘われたときは席に着き、一口でも箸をつけるのが礼儀です。

出席できないときは弔電を

通夜と告別式の両方に出席できないときは、早めに弔電を打ちましょう。

弔電のポイント

●宛名は喪主の名前にする。

●喪主がわからないときは、故人名のあとに「御遺族様」と記す。

●喪主名を遺族に問い合わせるのはタブー。

Point

やむをえない事情ですぐに弔問に行けないときは、弔電や手紙で気持ちを伝えましょう。代理の人に通夜か告別式に参列してもらってもいいでしょう。都合がつき次第、先方の都合を聞いて日時を決めた上で伺うようにしましょう。

献花のマナー

キリスト教の葬儀では祭壇に花を捧げる「献花」が行われます。

献花の順序

1 祭壇の前で、花が右になるように両手で受け取る。

2 献花台の前で一礼し、茎を祭壇のほうに向け、献花台に両手で置く。

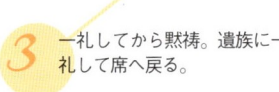

3 一礼してから黙祷。遺族に一礼して席へ戻る。

焼香のマナー

宗派によって異なる

抹香焼香の場合は宗派によって2回、3回と回数が違いますが1回でも失礼ではありません。

焼香の順序

1 遺族・僧侶に一礼し、祭壇の前に進み、遺影に一礼。

2 右手の親指、人差し指、中指で香をつまみ、目の高さまでささげ香を香炉に落とす。

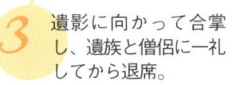

3 遺影に向かって合掌し、遺族と僧侶に一礼してから退席。

玉串奉奠のマナー

神式の通夜や葬場祭（葬儀）では玉串奉奠（たまぐしほうてん）が行われます。

玉串奉奠の順序

1 右手で玉串の根元近くを持ち、葉は左手で下から支える。

2 玉串受けの前で一礼し、玉串を時計回りに回し根元を向こうに向けて供える。

3 二礼二拍手（礼を2回、音を立てない拍手を2回）をし、遺族と神官に一礼して席に戻る。

気をつけて！ NG manner

●忌み言葉に気をつける

慶事同様、通夜・葬儀の場でも使ってはいけない言葉（忌み言葉）があります。

悲しいことを繰り返すイメージの言葉

「再び」「続いて」「たびたび」「重ね重ね」など。

悲しみを助長する言葉

「大往生でした」「天寿をまっとうしました」「あんなに元気だったのに…」など。「死ぬ」は「ご逝去」「永眠」に言いかえる。

●対面は自分から申し出ない

遺族から遺体との対面を求められたら、「それではひと目だけお目にかかってお別れさせていただきます」と言ってお顔を横からのぞきましょう。

遺族から言われない限りは対面しないこと。

お手伝いするときは・・・

遺族と親しいおつきあいをしている場合は、自分からお手伝いを申し出ましょう。地味なエプロンを持参して。

女性は主に接待係や受付係を任されます。おじぎや敬語の使い方には、くれぐれも気を配って。

advice お手伝いを引き受けたら、世話役代表の人と打ち合わせをして、その指示に従いましょう。

監修者プロフィール ● 住友 淑恵（すみとも よしえ）

広尾のフィニッシングサロン「セレブスタイル」を主宰。テレビをはじめ、さまざまなメディアにて、マナーや美しい身のこなし術をレクチャーしている。
日本女子大学卒業後、23歳で起業。日本で第一人者のマナー評論家、故）酒井美意子先生（加賀百万石前田家伯爵令嬢）の孫弟子として、和洋の正統マナーを習得。現在では、サロンや企業研修でのレッスンのほか、テレビ、雑誌などでアドバイザーとして活躍している。著書に「美人はカタチでつくられる」（メディアファクトリー）、「ビジンプロデュース」（アメーバブックス）がある。
☆住友淑恵・個人ブログ　http://ameblo.jp/celebstyle/

〈セレブスタイル〉
東京・広尾にあるフィニッシングサロン（http://celebstyle.co.jp）。
現在、自分を磨きたい女性を中心に人気の教室。マナーレッスンを中心に、講座は全15科目（マナー、ふるまい、ウォーキング、ヘアメイク、ネイル、ワイン、紅茶、シャンパン、テーブルコーディネート、アロマ、ハーブ、フラワーアレンジメント、ビーズ、コーチング、英会話、ビジネス、美しい話し方、カラー、おしゃれ講座など）。約20名の業界一流講師が専門的に教えてくれる。

参考文献
「美人はカタチでつくられる」（メディアファクトリー）、「ビジンプロデュース」（アメーバブックス）

本文デザイン　Lime Light
イラスト　黒川ゆかり、ツダタバサ、花島ゆき、原ゆき
ライター　鈴木洋子、渡辺あつこ
企画・編集　成美堂出版編集部
編集協力　童夢

エレガントなマナーと話し方

監　修　住友淑恵
発行者　深見悦司
発行所　成美堂出版
〒162-8445　東京都新宿区新小川町1-7
電話(03)5206-8151　FAX(03)5206-8159
印　刷　株式会社 東京印書館

ISBN4-415-03564-7